韓国朝鮮語 中級テキスト

改訂版

花 と 実

はなとみ

生越直樹
生越
池玟 著

하나토미

JN069532

꽃 과 열 매

잘 부탁해요

朝日出版社

音声サイト URL

https://text.asahipress.com/free/korean/
kaiteihanatomi/index.html

はじめに

　このテキストは,『根と幹』の続編として編纂されました。『根と幹』と同様，限られた時間で韓国朝鮮語の基本的な表現を身に付けたい人を対象としています。具体的には，大学などで週1回の授業を1年間，あるいは週2回の授業を半年間受講した人が対象となります。その人たちがこのテキストを使ってさらに1年間，あるいは半年間使うことを想定しています。

　週1回，あるいは2回の授業で学べることは多くありません。あれもこれもと思うと，どれも中途半端になってしまいます。基本的に必要な表現をしっかり習得することが大切です。もっと学びたければ，韓国に語学研修に行くこともできます。何も知らないで語学研修に行ってもそれなりに韓国朝鮮語ができるようになるでしょうが，行く前に基本的なことがわかっていれば，もっと短期間で能力を伸ばすことができます。基本的に必要な表現とは何か，教える人によっていろいろな考え方があるでしょうが，『根と幹』では連用形 (語幹＋아 / 어 / 여),『花と実』では連体形と変則用言を必要な事項と見なし，重点的に取り上げています。ここでしっかりした土台を築いておけば，さらに学習を続ける人はもちろん，これで学習を終える人も将来また始めるときに学びやすくなるでしょう。

　このテキストは10課からなりますが,改訂にあたって各課の構成を少し見直しました。初版にあった会話と作文練習を付録に移し，各課の内容をより簡潔にまとめました。このことにより，最低限の時間で必要事項を身につけるという方針を徹底し，同時に，さらに学びたい人には付録を充実させることで対応しました。

　各課は,この課の表現,表現,練習問題で構成されています。この課の表現は,簡単な会話を2セットずつ作成し，課で学ぶ表現の使い方の例を示しました。さらに，それぞれの表現の形の作り方，使い方を簡単な練習で確認した後，表現練習，応用練習を行って，学んだ表現をしっかり身につけられるようにしました。会話で出てきた表現のうち，覚えておいた方がよい表現は，「覚えておこう」というコーナーを設けて，例文を示しました。また，会話や練習問題に関連する文化的なことを紹介するため，「ちょっと一言」という欄を新たに設けました。さらに，2課ごとに「会話と文化」というコラムで韓国文化を会話の形で紹介するほか，新たに「もっとうまくなるために」のコーナーを設け，さらに上達するために必要な知識や注意点を示しました。付録①では，変則用言，接続語尾，終結語尾などでさらに覚えておいた方がよいと思われる表現を取り上げ，その使い方，用例を示しておきました。時間的に余裕のある場合は，付録②の応用会話，③の作文練習を利用してください。さらにしっかりした運用能力が付くことでしょう。

　このテキストの題名は『根と幹』の続編なので，「枝と葉」とすべきかもしれません。しかし，「枝と葉」だと，枝葉末節などという言葉もありあまりイメージがよくないので,少し背伸びをして『花と実』としました。このテキストを土台として，皆さんの韓国朝鮮語が花咲き実を付け，収穫の季節を迎えることを願っています。

　本書の刊行をご提案くださり，さらに改訂版の刊行をお認めくださった朝日出版社に感謝申し上げます。編集にあたっては,初版は山田敏之さん,改訂版は小髙理子さんに大変お世話になりました。皆様のご配慮，ご尽力に改めて感謝の言葉を申し上げます。

2022 年秋
筆者一同

目次

第1課 どこに行かれますか。＜丁寧に話す＞

제1과 어디에 가십니까? ─합니다体の叙述・疑問・尊敬─

この課の表現

❶

1. 어디에 가십니까?
   どこに行かれますか。

2. 학교에 가요.
   学校に行きます。

3. 오늘도 수업이
   있으십니까?
   今日も授業がおありですか。

4. 아니요, 오늘은 서클
   모임이 있어요.
   いいえ、今日はサークルの集まりが
   あります。

❷

1. 김지훈 씨 맞으십니까?
   キム・ジフンさんでいらっしゃいま
   すか（合っていますか）。

2. 네, 맞습니다.
   ええ、そうです（合っています）。

3. 학생이십니까?
   学生でいらっしゃいますか。

4. 아니요, 회사원입니다.
   いいえ、会社員です。

注意する発音

❶ 1. 가십니까 ➡ 〔가심니까〕
   3. 있으십니까 ➡ 〔이쓰심니까〕

❷ 2. 맞습니다 ➡ 〔마씀니다〕

単語

❶ 1. 어디 どこ　가다 行く
   2. 학교 [学校]
   3. 오늘 今日　수업 [授業]　있다 ある,いる
   4. 서클 サークル　모임 会合,集まり

❷ 1. 김지훈 (人の名前)　씨 ～さん,[氏]　맞다 合う
   3. 학생 [学生]
   4. 회사원 会社員

表　現

1-1　用言語幹＋ㅂ니다/습니다，ㅂ니까/습니까
～ます・です，～ますか・ですか　（합니다体叙述・疑問）

　韓国朝鮮語には「합니다体」という表現もある。「합니다体」はこれまで学習した「해요体」より丁寧だが，固い表現になる。語幹の種類（母音語幹，ㄹ語幹，子音語幹）によって続く形が異なる。

✓確認　母音語幹，ㄹ語幹，子音語幹とは何か，確認しておこう。

보다 見る ＝ 보 ＋ 다　살다 住む, 生きる ＝ 살 ＋ 다　받다 受け取る ＝ 받 ＋ 다

母音語幹　語尾　　　　　　　　　ㄹ語幹　語尾　　　　　　　子音語幹　語尾

語幹が母音で終わる(終声なし)　　語幹が終声ㄹで終わる　　　語幹が子音で終わる(終声あり)

◎ 用言の叙述形・疑問形（합니다体）

	母音語幹	ㄹ語幹	子音語幹
叙述形 ～ます・～です	語幹 ＋ ㅂ니다	語幹 ＋ ㅂ니다 (終声ㄹなし)	語幹 ＋ 습니다
疑問形 ～ますか・～ですか	語幹 ＋ ㅂ니까	語幹 ＋ ㅂ니까 (終声ㄹなし)	語幹 ＋ 습니까

하다　　　하 ＋ ㅂ니다, ㅂ니까　　➡　합니다, 합니까
する　　　母音語幹　ます　　ますか　　　　します　　しますか

살다　　　살 ⇒ 사 ＋ ㅂ니다, ㅂ니까　➡　삽니다, 삽니까
住む　　　ㄹ語幹 → ㄹなし　ます　ますか　　住みます　住みますか

받다　　　받 ＋ 습니다, 습니까　　➡　받습니다, 받습니까
受け取る　子音語幹　ます　　ますか　　　受け取ります　受け取りますか

◎ 否定形
　用言の語幹に지 않다を付けると否定になる。않다は子音語幹なので，않に습니다,습니까を付けると합니다体の否定表現になる。

하지 않다　하지 않＋습니다, 습니까　➡ 하지 않습니다, 하지 않습니까 ♪
しない　　　　　　　ます　ますか　　しません　　しませんか

4

3

◉ 名詞文

　まず，名詞に用言の一種である指定詞이다（〜だ）を付ける。이다の語幹は이で母音語幹なので，ㅂ니다,ㅂ니까を付ける。名詞＋입니다,입니까と覚えるとよい。

5

학생이다　　학생이 ＋ ㅂ니다, ㅂ니까 ➡ 학생입니다, 학생입니까

[学生]だ★　　　　　　名詞＋이다　　　です　　　ですか　　　　　学生です　　　　　　学生ですか

　★日本語と共通する漢字語の場合は日本語訳に[　]を付ける。漢字の発音を覚えるときの参考にしてほしい。

　否定形は，名詞に가/이 아니다を付ける。아니다も指定詞であり母音語幹なので，ㅂ니다,ㅂ니까を付け，아닙니다,아닙니까となる。

♪
학교가(학생이) 아닙니다.　　학교가(학생이) 아닙니까?

学校では（学生では）ありません。　　　　　学校では（学生では）ありませんか。

◀━◀ 参考 これまでの名詞文の形も名詞＋이다,아니다にいろいろな語尾が付いていた。ただし，母音終わりの名詞では，이が省略されたり，縮約されたりする。

　　　학생 [学生]　　학생이에요, 학생이세요, 학생이었어요

　　　가수 [歌手]　　가수예요, 가수세요, 가수였어요

練習1 次の母音語幹の用言にㅂ니다,ㅂ니까，子音語幹と否定形に습니다,습니까を付けて言ってみましょう。

① 가다 行く　　　➡　行きます(か)　　_____. / _____?

② 기다리다 待つ　➡　待ちます(か)　　_____. / _____?

③ 찾다 探す　　　➡　探します(か)　　_____. / _____?

④ 높다 高い　　　➡　高いです(か)　　_____. / _____?

⑤ 가지 않다 行かない ➡ 行きません(か) _____. / _____?

練習2 次のㄹ語幹の用言にㅂ니다,ㅂ니까を付けて言ってみましょう。

① 걸다 掛ける　　➡　掛けます(か)　　_____. / _____?

② 길다 長い　　　➡　長いです(か)　　_____. / _____?

練習3 次の名詞＋이다，名詞＋가/이 아니다の表現にㅂ니다,ㅂ니까を付けて言ってみましょう。

① 친구이다 友達だ　　　　　　➡　　友達です(か)

_____. / _____?

② 오사카이다 大阪だ　　　　　➡　　大阪です(か)

_____. / _____?

③ 병원이 아니다 [病院]ではない ➡ 病院ではありません(か)

_____. / _____?

1-2 用言語幹＋십니다/으십니다, 십니까/으십니까

お～になります(か)　（합니다体尊敬）

◎ 用言文の尊敬形（합니다体）

합니다体尊敬 叙述・疑問	母音語幹	ㄹ語幹	子音語幹
	語幹 ＋ 십니다, 십니까	**語幹** (終声ㄹなし) ＋ 십니다, 십니까	**語幹** ＋ 으십니다, 으십니까

오다　　　오 ＋ 십니다, 십니까　　➡　오십니다, 오십니까
来る　　　母音語幹　　　　　　　　　　　　来られます　　来られますか

알다　　　알 ⇒ 아 ＋ 십니다, 십니까 ➡　아십니다, 아십니까
知る, わかる　　ㄹ語幹→ ㄹなし　　　　　　　ご存知です　　ご存知ですか

찾다　　　찾 ＋ 으십니다, 으십니까　➡　찾으십니다, 찾으십니까
探す　　　子音語幹　　　　　　　　　　　　お探しです　　　お探しですか

선생님이다 선생님이 ＋ 십니다, 십니까
先生だ　　　　　名詞＋이다　➡　선생님이십니다, 선생님이십니까
先生です　　　　　先生ですか

> **！ 注意 ！**
>
> 누구(誰), 어디(どこ)の場合, 이を省略して, 누구십니까(どなたですか), 어디십니까(どちらですか)と言う。

◎ 特殊な尊敬形は, 語幹にㅂ니다,ㅂ니까だけを付ける。

계시다 いらっしゃる　　➡　계십니다, 계십니까 いらっしゃいます(か)

드시다 召し上がる　　　➡　드십니다, 드십니까 召し上がります(か)

練習4 次の用言に**십니다, 으십니다**, あるいは**십니까, 으십니까**をつけて言ってみましょう。
特殊な尊敬形を使う場合もあるので, 注意しましょう。

① 보다 見る　➡　ご覧になります(か)　_____. / _____?

② 찍다 撮る　➡　お撮りになります(か)　_____. / _____?

③ 먹다 食べる　➡　召し上がります(か)　_____. / _____?

④ 한국 분이다 [韓国]の方だ ➡ 韓国の方です(か)

_____. / _____?

練習5 次のㄹ語幹の用言に**십니다,십니까**を付けて言ってみましょう。

① 살다 住む　➡　お住みです(か)　_____. / _____?

② 만들다 作る　➡　お作りになります(か)　_____. / _____?

練習問題

ⓐ 用言文の합니다体と해요体

	합니다体		해요体
叙述形 疑問形	語幹 **+** ㅂ니다/습니다 語幹 **+** ㅂ니까/습니까		連用形 **+** 요 (語幹 **+** 아요/어요/여요)
尊敬叙述形 尊敬疑問形	語幹 **+** 십니다/으십니다 語幹 **+** 십니까/으십니까		語幹 **+** 세요/으세요

ⓑ 名詞文の합니다体と해요体

	합니다体		해요体
叙述形 疑問形	名詞 **+** 입니다 名詞 **+** 입니까		名詞 **+** 예요/이에요
尊敬叙述形 尊敬疑問形	名詞 **+** 이십니다 名詞 **+** 이십니까		名詞 **+** 세요/이세요

表現練習

1 ①〜⑦の語句を適当な形にしてa，bに入れ，会話を完成させましょう。

A : (a)십니까/으십니까?　　B : (b)ㅂ니다/습니다.

① a. 무엇을 찾다 何を探す　　　　　　b. 여권을 찾다* パスポートを探す
　　　　　　　　　　　　　　　　　　　* 여권은 〔여꿘〕と発音。

② a. 담배를 피우다 タバコを吸う　　　b. 아니요, 안 피우다 いいえ，吸わない

③ a. 다나카 씨를 알다* 田中さんを知る　b. 네, 알다 はい，知る
　　　　　* ㄹ語幹なので，終声ㄹがなくなることに注意。

④ a. 서울에 살다 ソウルに住む　　　　b. 아니요, 인천에 살다 いいえ，インチョンに住む

⑤ a. 김치를 먹다* キムチを食べる　　b. 아니요, 먹지 않다 いいえ，食べない
　　　　* 特殊な尊敬形を使うことに注意。

⑥ a. 이 갈비 맛있다 このカルビおいしい　b. 네, 맛있다 はい，おいしい

⑦ a. 유학생이다 [留学生]だ　　　　　b. 네, 유학생이다 はい，[留学生]だ

ちょっと一言

합니다体の使い方

　합니다体は公的な場（会議や講演・発表など）でよく使われます。テレビなどのニュースも합니다体です。会話では目上の人や親しくない人に使います。男性女性とも使いますが，男性の方がよく使う傾向があります。해요体との使い分けは難しいので，いろいろな会話の例を見ながら学んでいきましょう。

応用練習

■ イラストの人たちを他の人たちに紹介してみましょう。

（例）

石井さん
日本人。東京で大学に通っている。1年生。
趣味はサッカー。

이 분은 이시이 씨입니다. 일본 사람입니다. 도쿄에서 대학에
다닙니다. 일 학년입니다. 취미는 축구입니다.

①

斉藤さん
私の(제)友達。大学生。2年生。故郷は福岡。一
緒に(같이)テニスをする(테니스를 치다)。

_____

② **박태진さん**
大学院生(대학원생)。韓国人。日本の漫画(만화)を研
究する(연구하다)。私の韓国朝鮮語(한국어)の先生。

_____

③

清水さん
大学の先輩(선배)。一緒に(같이)バスケットボー
ル(농구)をする(하다)。韓国朝鮮語がうまい(〜
를/을 잘하다)。

_____

④ **母親** ＊　　＊ 目上の人なので尊敬形を使う。
私の母親。48歳。会社員(회사원)。札幌に住んでいる
(살다)。料理(요리)がうまい。ケーキ(케이크)が好きだ
(〜를/을 좋아하다)。

_____

7

この課の表現

①

1. 저기 보이는 건물은 무엇입니까?
   あそこに見える建物は何ですか。

2. 도서관입니다.
   지금 도서관에서 왔습니다.
   図書館です。
   今図書館から来ました。

3. 책을 빌리셨습니까?
   本を借りられたんですか。

4. 네, 제가 좋아하는 소설을 빌렸습니다.
   ええ、私が好きな小説を借りました。

②

1. 어제 본 한국 영화는 재미있었어요?
   昨日見た韓国映画は面白かったですか。

2. 네, 아주 재미있었어요.
   ええ、とても面白かったです。

3. 저는 한국 영화를 본 적이 없어요.
   私は韓国映画を見たことがありません。

4. 그럼 다음에 같이 봐요.
   それじゃ、今度一緒に見ましょう。

8

注意する発音

❶ 4. 좋아하는 ➡ 〔조아하는〕

❷ 1. 한국 영화 ➡ 〔한궁 영화〕

　3. 없어요 ➡ 〔업써요〕

　4. 같이 ➡ 〔가치〕

単語

❶ 1. 저기 あそこ　보이다 見える　건물 [建物]

　2. 도서관 [図書館]　지금 今　오다 来る

　3. 책 本　빌리다 借りる

　4. 제 私 (後に助詞が続くときの形)
　　좋아하다 好む,好きだ　소설 [小説]

❷ 1. 어제 昨日　보다 見る　한국 [韓国]　영화 [映画]
　　재미있다 面白い

　2. 아주 とても

　3. ㄴ/은 적이 없다 〜たことがない

　4. 그럼 じゃあ,それでは　다음에 今度,次に　같이 一緒に

2-1　用言連用形＋ㅆ습니다, ㅆ습니까（語幹+았/었/였습니다, 습니까）
〜ました（か）　（합니다体の過去）

합니다体の過去の表現は，해요体の過去の表現，連用形＋ㅆ어요の어요の代わりに습니다,습니까を付ける。

받다　　받아　＋　ㅆ　＋　{어요（해요体）/습니다（습니까）（語尾）}（합니다体）　➡　{받았어요.(?)/받았습니다.(받았습니까?)}
受け取る　連用形　　過去　　　　　　　　　　　　　　　　　　　　　　受け取りました（受け取りましたか）。

◎ 名詞文の場合は，母音終わりの名詞には였습니다(였습니까)，子音終わりの名詞には이었습니다
(이었습니까)を付ける。

母音終　　　　　　　　　　　　　　　子音終
의사 ➡ 의사였습니다. (습니까?)　　학생 ➡ 학생이었습니다. (습니까?) ♪
医者　　医者でした（か）。　　　　　[学生]　学生でした（か）。

◎ 尊敬の過去形

語幹＋셨/으셨の形に습니다,습니까を付ける。ㄹ語幹は終声ㄹがなくなることに注意。

가다　　가셨 ＋ 습니다（습니까）　➡　가셨습니다.(가셨습니까?) ♪
行く　　母音語幹　　　　　　　　　　　行かれました（行かれましたか）。

알다　　알 ⇒ 아셨 ＋ 습니다（습니까）　➡　아셨습니다.(아셨습니까?)
知る　　ㄹ語幹→ㄹなし　　　　　　　　　ご存知でした（ご存知でしたか）。

받다　　받으셨 ＋ 습니다（습니까）　➡　받으셨습니다.(받으셨습니까?)
受け取る　　子音語幹　　　　　　　　　　お受け取りになりました（お受け取りになりましたか）。

【練習1】 次の用言を連用形にして，ㅆ습니다,ㅆ습니까を付けて言ってみましょう。

① 닫다 閉める　　　➡ 閉めました(か)　_____ . /_____ ?

② 기다리다 待つ　　➡ 待ちました(か)　_____ . /_____ ?

③ 시원하다 涼しい,すっとする ➡ 涼しかったです(か) _____ . /_____ ?

④ 먹지 않다 食べない ➡ 食べませんでした(か)
_____ . /_____ ?

【練習2】 次の用言に(으)셨습니다, (으)셨습니까を付けて言ってみましょう。

① 오다 来る　➡　来られました(か)　_____ . /_____ ?

② 살다 住む　➡　住まれました(か)　_____ . /_____ ?

③ 찍다 撮る　➡　お撮りになりました(か)　_____ . /_____ ?

④ 자다* 寝る　➡　お休みになりました(か)　_____ . /_____ ?

＊ 特殊な尊敬形を使うので注意。

2-2 動詞・存在詞語幹＋는 ～する～，～している～（動詞・存在詞の現在連体形）

用言が後の名詞を修飾する場合の形を連体形と言う。動詞・存在詞(있다,없다,계시다)の連体形は4種類あり，現在連体形は現在行われている(存在する)事柄，習慣，一般的な事実を表す。ㄹ語幹用言は，終声のㄹが脱落するので，注意する。

	母音語幹・子音語幹	ㄹ語幹
現在連体形 ～する～	語幹 ＋ 는	語幹(終声ㄹなし) ＋ 는

10

보이다　　보이 ＋ 는　➡　보이는　　저기 보이는 건물
見える　　母音語幹　　　　　　　　　　　あそこに見える[建物]

살다　　　살 ⇒ 사 ＋ 는 ➡ 사는　　서울에 사는 사람
住む　　　ㄹ語幹 → ㄹなし　　　　　　　ソウルに住んでいる人

있다　　　있 ＋ 는　➡　있는　　　여기 있는 학생
いる・ある　子音語幹　　　　　　　　　ここにいる[学生]

──── 発音に注意(鼻音化)。

練習3 次の用言を現在連体形にして言ってみましょう。

① 오다 来る　➡ ＿＿＿＿＿　　② 마시다 飲む　➡ ＿＿＿＿＿

③ 웃다 笑う　➡ ＿＿＿＿＿　　④ 없다* いない,ない➡ ＿＿＿＿＿

⑤ 울다 泣く　➡ ＿＿＿＿＿　　⑥ 놀다 遊ぶ　➡ ＿＿＿＿＿

＊ 없는は〔엄는〕と発音する。

練習4 例のようにaの用言を現在連体形にして，bの語句と結びつけて言ってみましょう。

> 例：a. 저기 보이다　b. 건물 ➡ 저기 보이는 건물

① a. 교실에서 공부하다 [教室]で勉強する　b. 학생 [学生]

　➡ 教室で勉強している学生 ＿＿＿＿＿＿＿＿＿＿＿＿

② a. 매일 먹다 [毎日]食べる*　　　　b. 음식 食べ物

　＊ 먹다の現在連体形は発音に注意。

　➡ 毎日食べる食べ物 ＿＿＿＿＿＿＿＿＿＿＿＿

③ a. 재미있다 おもしろい　　　　　b. 드라마 ドラマ

　➡ おもしろいドラマ ＿＿＿＿＿＿＿＿＿＿＿＿

④ a. 알다 知る　　　　　　　　　　b. 사람 人

　➡ 知っている人 (知り合い) ＿＿＿＿＿＿＿＿＿＿

2-3　動詞語幹＋ㄴ/은　〜した〜　（動詞の過去連体形）

　過去連体形は，すでに実現した行為・変化を表すときに使われる。この場合も ㄹ語幹は終声 ㄹ が脱落する。存在詞は通常この形を使わない。

	母音語幹	ㄹ語幹	子音語幹
過去連体形 〜した〜	語幹 ＋ ㄴ	語幹(終声ㄹなし) ＋ ㄴ	語幹 ＋ 은

보다 見る	보 ＋ ㄴ 母音語幹	➡ 본	일요일에 본 드라마 [日曜日]に見たドラマ
만들다 作る	만들 ⇒ 만드 ＋ ㄴ ㄹ語幹 → ㄹなし	➡ 만든	처음으로 만든 과자 初めて作った[菓子]
먹다 食べる	먹 ＋ 은 子音語幹	➡ 먹은	어제 먹은 갈비 昨日食べたカルビ

⚠ 注意！

存在詞있다,없다の過去連体形はほとんど使われない。「いた(あった)〜，いなかった(なかった)〜」という過去の事柄を表すときには，回想連体形（➡ 3-2 ）있던,없던を使う。

練習5 次の動詞を過去連体形にして言ってみましょう。

① 오다 来る　➡ ＿＿＿＿＿＿＿＿　② 마시다 飲む　➡ ＿＿＿＿＿＿＿＿

③ 기다리다 待つ　➡ ＿＿＿＿＿＿＿＿　④ 알다 知る, わかる ➡ ＿＿＿＿＿＿＿

⑤ 걸다 掛ける　➡ ＿＿＿＿＿＿＿＿　⑥ 입다 着る　➡ ＿＿＿＿＿＿＿＿

⑦ 찍다 (写真を)撮る ➡ ＿＿＿＿＿＿＿＿

練習6 例のようにaの動詞を過去連体形にして，bの語句と結びつけて言ってみましょう。

> 例：a. 어제 먹다　b. 갈비 ➡ 어제 먹은 갈비

① a. 어제 만나다 昨日会う　　　　　b. 사람 人
　➡ 　昨日会った人　＿＿＿＿＿＿＿＿＿＿＿＿＿＿＿＿＿＿

② a. 친구에게 받다 友達にもらう　　b. 선물 プレゼント
　➡ 　友達にもらったプレゼント　＿＿＿＿＿＿＿＿＿＿＿＿＿＿＿＿

③ a. 한국에서 오시다 [韓国]から来られる　b. 선생님 先生
　➡ 　韓国から来られた先生　＿＿＿＿＿＿＿＿＿＿＿＿＿＿＿＿

④ a. 아까 알다 さっき知る　　　　　b. 소식 知らせ
　➡ 　さっき知った知らせ　＿＿＿＿＿＿＿＿＿＿＿＿＿＿＿＿

練習問題

表現練習

1 次の①～③の語句をα，bに入れて会話を完成させましょう。αの用言は現在連体形にしましょう。

A：저기 (α) 사람은 누구예요?　　B：(b)예요/이에요.

① α. 풍선을 불다 [風船]をふくらませる　　b. 제 여동생 私の妹
② α. 교실에 있다 [教室]にいる　　b. 제 친구 사토 씨 私の友達の佐藤さん
③ α. 메뉴를 보다 メニューを見る　　b. 제 후배 私の[後輩]

2 次の①～③の語句をα，bに入れて会話を完成させましょう。αの動詞は過去連体形にし，bの動詞は連用形にして入れましょう。

A：어제 뭘 하셨습니까?　　B：(α)(b)써어요.
　　　何を

① α. 도서관에서 빌리다 [図書館]で借りる　　b. 책을 읽다 * 本を読む
② α. 서울에서 찍다 ソウルで撮る　　b. 사진을 보다 [写真]を見る
③ α. 남동생이 만들다 弟が作る　　b. 요리를 먹다 [料理]を食べる

　　　　　　　　　　＊ 읽다, 읽어の発音は，それぞれ〔익따〕, 〔일거〕となる。

3 次の①～③の語句をα，bの部分に入れて会話を完成させましょう。αには用言の語幹，bには連用形を入れましょう。

A：(α)(으)셨습니까?　　B：(b)써습니다.

① α. 시험 끝나다 [試験]終わる　　b. 아니요, 아직 안 끝나다 いいえ, まだ終わらない
② α. 미팅 재미있다 合コン面白い　　b. 네, 재미있다 はい, 面白い
③ α. 어제 공부하다 昨日勉強する　　b. 아니요, 하지 않다 いいえ, しない

ちょっと一言

韓国の映画館

映画館は**영화관**([映画館])，あるいは**극장**(直訳すると[劇場])と言います。また，最近は**시네마**(シネマ)と言うことも多いようです。日本と同じように，商業施設の一角にあり，マルチスクリーンでいろいろな映画を上映しています。時間があれば，韓国の映画館で映画をみてはいかがでしょうか。2022 年現在の歴代観客動員数 TOP3 は**명량**（バトル・オーシャン　海上決戦）2014 年，約 1700 万人。**극한직업**（エクストリーム・ジョブ）2019 年，約 1600 万人。**신과함께―죄와 벌**（神と共に　第一章：罪と罰）2017 年，約 1400 万人です。

■ 以下の1，2の質問に対して，イラストと下の語句を見ながら，答えてみましょう。

1. 이게 뭐예요? これは何ですか。

①  ②  ③ ④

① 그저께 사다 おととい買う，
　책 本

　그저께 산 책이에요.

② 제가 좋아하다 私が好きだ，
　가수 사진 [歌手]の[写真]

③ 작년에 어머니가 주시다 去年母がくださる，
　시계 [時計]

④ 아침에 자주 먹다 朝よく食べる，
　바나나 バナナ

2. 저 건물이 뭐예요? あの建物は何ですか。

①  ② ③ ④

① 지금 여동생이 다니다 今妹が通う，
　중학교 [中学校]

② 친구가 살다 友達が住む，
　기숙사 （大学の）寮

③ 작년에 숙박하다 * 去年[宿泊]する，
　호텔 ホテル　　* 작년の発音は［장년］。

④ 어제 쇼핑하다 昨日買い物する，
　백화점 デパート

> ここでは，学んだ表現を使って，どのような会話が可能なのかを示します。同時に，韓国の文化的なことも少し触れています。気楽に読んでください。
> 日本から来た留学生あやさんと下宿先の韓国人のおばあさん（ハルモニ）との会話です。おばあさんの言葉は，あやさんが年下の娘なので，ぞんざいな表現になっています。テキストでは習っていない表現ですが，こういう表現もあることを知っておくとよいでしょう。

12

あやが学校から帰ってきました。

1. 아 야 : 할머니 저 왔어요.

2. 할머니 : 아야 왔구나! 어서 들어와라.

3. 아 야 : 할머니 뭐 하세요?

4. 할머니 : 뜨개질 하고 있지.

5. 아 야 : 이 꽃 정말 예쁘네요. 이걸로 뭐 만드실 거예요?

6. 할머니 : 이 꽃모양을 많이 만든 다음에 전부 이어서 담요를 만들려고.
   바자회에 내 놓을 생각이다.

7. 아 야 : 저도 뜨개질 해 보고 싶은데... 가르쳐 주세요.

8. 할머니 : 그래. 그럼 따뜻한 차 한 잔 마시고 시작하자.

9. 아 야 : 할머니 인삼차로 하시겠어요?

10. 할머니 : 그러자꾸나. 대추하고 잣도 준비해야겠다.

1. あ や ： ハルモニ，ただいま。
2. ハルモニ ： あや，帰ったの。お帰り。
3. あ や ： ハルモニ，何しているんですか。
4. ハルモニ ： 毛糸を編んでいるのよ。
5. あ や ： きれいなお花ですね。これで何を作るんですか。
6. ハルモニ ： 花のモチーフをたくさん編んでつないでひざ掛けを作って，バザーに出すつもりなのよ。
7. あ や ： 私も編んでみたいです。教えてください。
8. ハルモニ ： そう。でも，その前に温かいお茶でも飲んでから始めようよ。
9. あ や ： ハルモニ，人参茶にしますか。
10. ハルモニ ： いいわね。ナツメと松の実も入れようよ。

　韓国の冬は長く寒いです。カラフルな毛糸の帽子(모자)や手袋(장갑)やマフラー(머플러)は必需品です。市場でも売っていますが，手作りは心温まります。人参茶(인삼차)は嗜好品でもありますが，健康飲料です。ナツメや松の実を浮かべるとちょっと素敵です。日本ではショウガ茶(생강차)や柚子茶(유자차)が知られていますが，韓国の伝統茶(전통차)はそれ以外にもたくさんあります。体を温める暖房として，日本ではこたつがありますが，韓国では部屋ごと床から暖めるオンドル(온돌)が有名です。

もっとうまくなるために　話し言葉で使う表現

　話し言葉では，単語や単語+助詞の形が縮約されて使われることがよくあります。以下，日常会話でよく使われる表現を挙げておきます。覚えておくと，自分が話すときだけでなく，聞き取りの時も役に立つでしょう。ただし，書き言葉では使われないので注意しましょう。

1 것(こと・もの) → 거

이것/그것 これ/それ ➡ **이거/그거**

것은 ことは ➡ **건**　　것이 ことが ➡ **게**　　것을 ことを ➡ **걸**

이것이 뭐예요? これ何ですか。 ➡ **이게 뭐예요?**

이것을 주세요. これをください。 ➡ **이걸 주세요.**

2 무엇(何) → 뭐

무엇이 何が ➡ **뭐가**　　무엇을 何を ➡ **뭘**　　무엇으로 何で ➡ **뭘로**

무엇을 드시겠어요? 何を召し上がりますか。 ➡ **뭘 드시겠어요?**

무엇이 좋으세요? 何がいいですか。 ➡ **뭐가 좋으세요?**

3 는(は) → ㄴ, 를(を) → ㄹ

저는 私は ➡ **전**　　저를 私を ➡ **절**　　에는 には ➡ **엔**

저는 아라이라고 합니다. 私は新井と言います。 ➡ **전 아라이라고 합니다.**

저를 부르셨어요? 私をお呼びになりましたか。 ➡ **절 부르셨어요?**

4 에서(で・から) → 서

여기에서 ここで(から) ➡ **여기서**　　어디에서 どこで(から) ➡ **어디서**

어디에서 오셨어요? どこから来られたんですか。 ➡ **어디서 오셨어요?**

여기에서 잠시 기다리세요. ここで少しお待ちください。 ➡ **여기서 잠시 기다리세요.**

覚えておこう

・動詞過去連体形(語幹 + ㄴ/은) 적이 있다(없다) 〜したことがある(ない)

보다 ➡ **본 적이 있다**　　　드라마에서 본 적이 있어요.
見る　　見たことがある　　　　ドラマで見たことがあります。

살다 ➡ **산 적이 있다**　　　한국에서 산 적이 있어요.
暮らす　暮らしたことがある　　韓国で暮らしたことがあります。

먹다 ➡ **먹은 적이 없다**　　오코노미야키를 먹은 적이 없어요.
食べる　食べたことがない　　お好み焼きを食べたことがありません。

第3課 映画を見るつもりです。＜詳しく説明する(2)＞
제3과 영화를 볼 거예요. 　－動詞・存在詞の連体形(2)－

この課の表現

①

1. 주말에 뭐 할 생각이에요?
週末に何をするつもりですか。

2. 친구랑 영화를 볼 거예요.
友達と映画を見るつもりです。

3. 무슨 영화예요?
どんな映画ですか。

4. 한국 영화예요. 제가 고등학교 때 좋아했던 배우가 나와요.
韓国映画です。私が高校のとき好きだった俳優が出ます。

②

1. 여기 있던 책 못 봤어요?
ここにあった本, 見ませんでしたか。

2. 못 봤어요. 무슨 책을 찾으세요?
見ませんでした。どんな本をお探しですか。

3. 도서관에 반납할 책이에요.
図書館に返す本です。

4. 책상 위에 없어요? 다시 한번 잘 보세요.
机の上にありませんか。もう一度よく見てみましょうよ (見てください)。

 16

注意する発音
① 2. 볼 거예요 ➡ 〔볼 꺼예요〕
　 4. 한국 영화 ➡ 〔한궁 영화〕
　　 좋아했던 ➡ 〔조아핻떤〕
② 3. 반납할 ➡ 〔반나팔〕

単語
① 1. 주말 [週末] 뭐 하다 何をする 생각 考え, つもり
　 2. 친구 友達 랑 (母音終わりの名詞に付いて) ～と (子音終わりには이랑が付く) 영화 [映画] 보다 見る
　 3. 무슨 どんな, 何の
　 4. 한국 [韓国] 제 私 (後に助詞가が続くときの形) 고등학교 高校, [高等学校] 때 とき 좋아하다 好む, 好きだ 배우 [俳優] 나오다 出る, 出てくる
② 1. 여기 ここ 책 本 못 ～できない 보다 見る
　 2. 찾다 探す
　 3. 도서관 [図書館] 반납하다 返す, 返却する
　 4. 책상 机 위 上 다시 再度, また 한번 一度 잘 よく, しっかり

16

表　現

3-1　動詞・存在詞語幹＋ㄹ/을　〜する〜　（未来連体形）

未来連体形は，まだ実現していない事柄を表すときに使われる。

	母音語幹	ㄹ語幹	子音語幹
未来連体形 〜する〜	**語幹 ＋ ㄹ**	**語幹**(終声ㄹなし) **＋ ㄹ**	**語幹 ＋ 을**

오다　　　오 ＋ ㄹ　➡　올　　　내일 올 사람
来る　　　　母音語幹　　　　　　　　　　明日来る人

살다　　　살 ⇒ 사 ＋ ㄹ ➡ 살　　내년부터 살 아파트
住む　　　　ㄹ語幹　→ㄹなし　　　　　　[来年]から住むマンション

있다　　　있 ＋ 을　➡　있을　　집에 있을 예정
いる・ある　　子音語幹　　　　　　　　　　家にいる[予定]

⚠ 注 意 ！

때(とき)，뿐(だけ)など，ある単語や表現の前では，必ず未来連体形が使われる。

비가 올 때　　　공부를 열심히 할 뿐입니다.
雨が降るとき　　　勉強を一生懸命するだけです。

・なお，「〜したとき」にあたる表現は，連用形＋ㅆ을 때となる。

練習1 次の用言を未来連体形にして言ってみましょう。

① 가다 行く　➡ _____　② 마시다 飲む　➡ _____

③ 신다* はく　➡ _____　④ 없다* いない, ない➡ _____

⑤ 걸다 掛ける　➡ _____　⑥ 놀다 遊ぶ　➡ _____

　　　　* 신다は〔신따〕と発音。　　　　　　　* 없을は〔업쓸〕と発音する。

練習2 例のようにaの用言を未来連体形にして，bの語句と結びつけて言ってみましょう。

例：**a. 내일 오다　b. 사람 ➡ 내일 올 사람**

① **a. 학교에 가다** [学校]に行く　　**b. 예정** [予定]

　➡　学校に行く予定　　_____

② **a. 친구한테 주다** 友達にあげる　　**b. 선물** おみやげ

　➡　友達にあげるおみやげ　_____

③ **a. 방에 걸다** 部屋に掛ける　　**b. 그림** 絵

　➡　部屋に掛ける絵　_____

④ **a. 내일 신다** 明日はく　　**b. 양말** 靴下

　➡　明日はく靴下　_____

3-2 動詞・存在詞語幹＋던 〜し(てい)た〜 （回想連体形）

動詞の回想連体形は，主として現在は行っていない過去の(継続した)行為に対して使われる。

	母音語幹 ㄹ語幹 子音語幹		
回想連体形 〜し(てい)た〜	**語幹 + 던**		

가다
行く
가 + 던 ➡ 가던
자주 가던 카페
よく行っていたカフェ

살다
暮らす
살 + 던 ➡ 살던
내가 살던 고향
私が暮らしていた[故郷]

입다
着る
입 + 던 ➡ 입던
중학교 때 입던 교복
[中学校]の時着ていた制服

!注意!

1)話し言葉では，回想連体形〜던の代わりに過去形（連用形＋ㅆ）に던の付いた形〜았던/었던/였던がよく使われる。

자주 갔던 카페　　내가 살았던 고향　　중학교 때 입었던 교복

2)存在詞있다,없다,계시다は，있었던(있던),없었던(없던),계셨던(계시던)で，「あった(いた)〜，なかった(いなかった)〜，いらっしゃった〜」という単なる過去を表す。

어제 있었던(있던) 일　　　아까 없었던(없던) 사람
昨日あった事　　　　　　　さっきいなかった人

練習3 次の動詞を回想連体形と過去形＋던の形にして，言ってみましょう。

① 마시다 飲む ➡ _____ , _____　　② 먹다 食べる ➡ _____ , _____

③ 걸다 掛ける ➡ _____ , _____

練習4 例のように，（　　）の中の用言を回想連体形または過去形＋던の形にして，言ってみましょう。

例：자주 (가다) 카페 ➡ 자주 가던/갔던 카페

① 초등학교 때 (싫어하다) 야채

➡ 小学校の時嫌いだった[野菜] _____

② 항상 같이 (놀다) 친구

➡ いつも一緒に遊んでいた友達 _____

③ 어제 같이 (있다) 사람

➡ 昨日一緒にいた人 _____

◎ 動詞・存在詞の連体形のまとめ

	未来 (語幹＋ㄹ/을) する〜	現在 (語幹＋는) する〜, している〜	過去 (語幹＋ㄴ/은) した〜	回想 (語幹＋던) した〜, していた〜
母音語幹 가다(行く)	갈	가는	간	가던/갔던
ㄹ語幹 살다(住む)	살	사는	산	살던/살았던
子音語幹 먹다(食べる)	먹을	먹는	먹은	먹던/먹었던
存在詞 있다(ある・いる)	있을	있는	―	있던/있었던 あった（いた）〜

3-3　用言語幹＋ㄹ/을 것이다（＝未来連体形 ＋것이다）

〜だろう, はずだ〔推量〕；〜つもりだ〔話し手の予定〕

　未来連体形のあとに것이다が続くと，推量や話し手の予定を表す。会話ではㄹ/을 것입니다,
ㄹ/을 것이에요の縮約形である ㄹ/을 겁니다, ㄹ/을 거예요という形がよく使われる。

가다　➡　갈 것이다★　　　꼭 갈 것이에요 (거예요).
行く　　　　行くだろう(つもりだ)　　　必ず行くでしょう(行くつもりです)。

있다　➡　있을 것이다★　　　교실에 있을 것입니다 (겁니다).
いる, ある　　いる (ある) はずだ　　　[教室]にいるはずです。

★未来連体形のあとに続く子音のㄱは濃音で発音される。上の例は，それぞれ〔갈 꺼시다〕〔이쓸 꺼시다〕と
　発音する。

練習5 例のようにaの語句とbの語句と結びつけて言ってみましょう。

> 例：a. 꼭 가다　b. ㄹ/을 거예요　➡　꼭 갈 거예요.

① a. 주말에는 길이 막히다 [週末]は道が混む　b. ㄹ/을 거예요

➡　週末は道が混むでしょう。

---

② a. 이번 주는 회사 일이 많다 今週は[会社]の仕事がたくさんある b. ㄹ/을 겁니다

➡　今週は会社の仕事がたくさんあるでしょう。

---

③ a. 가네코 씨는 금방 오다　b. ㄹ/을 거예요

➡　金子さんはすぐに来るはずです。

練習問題

表現練習

1 ①～③の語句を適当な形にして（　　）に入れ，会話を完成させましょう。

A : 졸업 후에 무엇을 하세요?　　B : (　　　　　)ㄹ/을 생각이에요.
　　　[卒業 後]

① 취직을 하다 [就職]をする

② 한국에 유학 가다 韓国に[留学]する

③ 회사를 만들다 [会社]を作る

2 a, bに①～③の語句を適当な形にして入れ，会話を完成させましょう。aには用言の連用形（過去の場合は連用形+ㅆ어の形）を入れましょう。

A : (　a　)요?　　　B : (　b　)ㄹ/을 거예요.

① a. 일요일에 뭐 하다 [日曜日]に何をする
　 b. 친구를 만나다 友達に会う
② a. 시험 준비 했다 [試験][準備]をした
　 b. 오늘부터 공부하다 今日から勉強する
③ a. 박물관에* 사람이 많다 [博物館]に人がたくさんいる
　 b. 오늘은 별로 없다 今日はそれほどいない
　　　　　　　　* 박물관の発音に注意。

3 a, bに①～③の語句を適当な形にして入れ，会話を完成させましょう。aには動詞の回想連体形を入れましょう。

A : 이 사진이 뭐예요?　　　B : (　a　) (　b　) 사진이에요.
　　　[写真]

① a. 제가 다니다 私が通う　　　　　b. 고등학교 高校
② a. 부모님과 자주 가다 両親とよく行く　b. 공원 [公園]
③ a. 예전에 살다 昔暮らす　　　　　b. 집 家

ちょっと一言

스펙쌓기（スペック積み）

　韓国では大学受験も大変ですが，大学卒業後の就職も大変です。大学生達は待遇の良い公務員や財閥系大手企業への就職を目指しますが，かなりの難関です。学業成績はもちろんのこと（韓国の企業は成績を重視するので），就職に有利な語学やIT関係の資格取得，長期インターン，ボランティア活動など，高いスペックを得ること（**스펙쌓기**）に努めます。夏休み・冬休みだけでなく卒業を延期して**스펙쌓기**に励むことも珍しくありません。韓国人の知り合いができたら，学生生活について尋ねてみるとよいでしょう。

■ aは参考語彙から選んで，bはイラストと下の語句を見ながら，適当な語句を入れて，対話をしてみましょう。

A : (a) 무엇을 하세요?　　B : (b) 생각이에요.

aの参考語彙

여름방학에 (夏休みに)，겨울방학에 (冬休みに)，주말에 ([週末]に)，
다음 일요일에 (次の[日曜日]に)，내년에 ([来年]に)，내일 (明日)

bの語句

① 미국에서 영어를 공부하다 アメリカで[英語]を勉強する

　여름 방학에 무엇을 하세요? 미국에서 영어를 공부할 생각이에요.

② 후지산에 올라가다 富士山に登る

③ 유럽에 여행 가다 ヨーロッパに[旅行]に行く

④ 영어학원에 다니다 英語学校に通う

⑤ 집에서 케이크를 만들다 家でケーキを作る

⑥ 시부야에서 쇼핑을 하다 渋谷で買い物をする

⑦ 야구장에서 야구를 보다 [野球場]で[野球]を見る

⑧ 마당에 꽃을 심다 庭に花を植える

⑨ 스키 강습을 받다 スキーの[講習]を受ける

第4課 もう少し大きいのはありませんか。＜詳しく説明する⑶＞
제4과 좀 더 큰 것은 없어요?　－形容詞・指定詞の連体形－

 20

この課の表現

①

1.좀 더 큰 것은 없어요?
もう少し大きいのはありませんか。

②

1.주말에 뭐 했어요?
週末に何をしましたか。

2.있어요.
이건 작으세요?
ありますよ。これは小さいですか。

2.어릴 때 친했던 친구를
만났어요.
小さい時親しかった友達に会いました。

3.네, 큰 사이즈를
찾고 있어요.
ええ、大きいサイズを探しているんです。

3.지금도 자주 만나세요?
今もよく会われるんですか。

4.이게 좀 더 클 거예요.
한번 입어 보세요.
これがもう少し大きいでしょう。
一度着てみてください。

4.네, 항상 같이 놀던
친구예요.
ええ、いつも一緒に遊んでいた友達です。

 21

注意する発音

① 4. 거예요　➡〔꺼에요〕
② 2. 친했던　➡〔치낻떤〕
　 4. 같이　　➡〔가치〕

単　語

① 1. 좀 더 もう少し　크다 大きい　것 もの,こと,の
　 2. 이건 これは（이것은の縮約形）(p.15参照)　작다 小さい
　 3. 사이즈 サイズ　찾다 探す
　 4. 이게 これが（이것이の縮約形）(p.15参照)　한번 一度
　　　입다 着る　連用形＋보다 ～てみる (p.76付録参照)
② 1. 주말 [週末]　뭐 하다 何をする
　 2. 어리다 小さい,幼い　때 時　친하다 親しい
　　　친구 友達　만나다 会う
　 3. 지금 今　자주 よく,しばしば
　 4. 항상 いつも　같이 一緒に　놀다 遊ぶ

表 現

4-1 形容詞・指定詞語幹＋ㄴ/은　～な～，～の(である)～
(形容詞・指定詞の現在連体形)

　形容詞，指定詞（이다(～だ),아니다(～でない)）の現在連体形は，事物の状態や性質を示すときに使われる。動詞の場合と形が異なる点に注意。

◎ 形容詞・指定詞の現在連体形

現在連体形 ～な～，～の～	母音語幹	ㄹ語幹	子音語幹
	語幹 ＋ ㄴ	語幹(終声ㄹなし) ＋ ㄴ	語幹 ＋ 은

비싸다　비싸 ＋ ㄴ　➡ 비싼　비싼 것을 샀어요.
(値段が)高い　母音語幹　　　　　　　高い物を買いました。

길다　　길 ⇒ 기 ＋ ㄴ ➡ 긴　좀 더 긴 것은 없어요?
長い　　ㄹ語幹 → ㄹなし　　　　　もう少し長い物はありませんか。

높다　　높 ＋ 은　➡ 높은　백두산은 제일 높은 산입니다.
(高さが)高い　子音語幹　　　　　　[白頭山]は一番高い山です。

친구이다 친구이 ＋ ㄴ ➡ 친구인　친구인 이시이 씨예요.
友達だ　　名詞+이다　　　　　　友達の石井さんです。

名詞文の連体形 － 指定詞**이다**, **아니다**の語幹に連体形の語尾が続く。

！ 注 意 ！

同じ語幹＋ㄴ/은の形でも意味が違う。
動詞では過去連体形（～した～）(➡ 2-3)　形容詞・指定詞では現在連体形（～な～）

練習1 次の形容詞，指定詞を現在連体形にして言ってみましょう。

① 크다 大きい ➡ ＿＿＿＿＿＿＿　② 친절하다 [親切]だ ➡ ＿＿＿＿＿＿＿

③ 멀다 遠い ➡ ＿＿＿＿＿＿＿　④ 적다 少ない ➡ ＿＿＿＿＿＿＿

⑤ 대학생이다 [大学生]だ ➡ ＿＿＿＿＿＿＿

練習2 例のようにaの形容詞・指定詞を現在連体形(語幹＋ㄴ/은)にし，bの語句と結びつけて言ってみましょう。

> 例：a. 높다　b. 산 ➡ 높은 산

① a. 예쁘다 きれいだ　b. 꽃 花　➡ きれいな花 ＿＿＿＿＿＿＿＿＿＿＿

② a. 좁다 狭い　b. 방 部屋　➡ 狭い部屋 ＿＿＿＿＿＿＿＿＿＿＿

③ a. 달다 甘い　b. 음식 食べ物　➡ 甘い食べ物 ＿＿＿＿＿＿＿＿＿＿＿

④ a. 대학생이다 [大学生]だ　b. 딸 娘 ➡ 大学生の娘 ＿＿＿＿＿＿＿＿＿＿＿

4-2 形容詞・指定詞語幹＋ㄹ/을　～な～,～の(である)～
(形容詞・指定詞の未来連体形)

動詞・存在詞と同じ形で，まだ実現していない事態のときや，慣用的な表現（ㄹ/을 때 ～なとき，ㄹ/을 뿐 ～であるだけ）で使われる。

어리다	어리 ＋ ㄹ ➡ 어릴	어릴 때 자주 유원지에 갔어요.
幼い	母音語幹	幼いときよく[遊園地]に行きました。

달다	달 ⇒ 다 ＋ ㄹ ➡ 달	작다	작 ＋ 을 ➡ 작을
甘い	ㄹ語幹→ㄹなし	小さい	子音語幹

4-3 形容詞・指定詞語幹＋던　～だった～　（形容詞・指定詞の過去連体形）

動詞・存在詞の回想連体形と同じ形だが，形容詞・指定詞では過去の状態を表す。

비싸다	비싸 ＋ 던 ➡ 비싸던	바나나가 비싸던 이유를 아세요?
(値段が)高い		バナナが高かった[理由]をご存知ですか。

⚠️ 注意！

> 動詞の場合と同様，話し言葉では，過去連体形～던の代わりに過去形に던の付いた形～았던/었던/였던がよく使われる。
>
> 비쌌던 이유

🎵 形容詞・指定詞の連体形のまとめ

	未来 (語幹＋ㄹ/을) ～な～	現在 (語幹＋ㄴ/은) ～な～	過去 (語幹＋던) ～だった～
母音語幹 싸다 (安い)	쌀	싼	싸던/쌌던
ㄹ語幹 길다 (長い)	길	긴	길던/길었던
子音語幹 높다 (高い)	높을	높은	높던/높았던
指定詞 이다 (～だ)	～일	～인	～이던/이었던・였던

練習3 例のようにaの形容詞・指定詞を指示に従って適当な形に変え，bの語句と結びつけて言ってみましょう。

> 例：a. 어리다 (未来連体形にして)　b. 때 ➡ 어릴 때

① a. 머리가 아프다 頭が痛い（未来連体形にして）　　b. 때 時

➡ 頭が痛い時　_____

② a. 사람이 적다 人が少ない（未来連体形にして）　　b. 경우 場合

➡ 人が少ない場合　_____

③ a. 줄이 길다 列が長い（未来連体形にして）   b. 경우 場合

➡ 列が長い場合 _____

④ a. 키가 작다 背が低い（過去連体形にして）   b. 동생 弟・妹

➡ 背が低かった弟・妹 _____

⑤ a. 머리가 길다 髪が長い（過去連体形にして）   b. 친구 友達

➡ 髪が長かった友達 _____

4-4   動詞語幹＋고 있다　～ている　（進行形）

배우다 배우 ＋ 고 있다 ➡ 배우고 있다　한국어를 배우고 있어요.
習う   韓国朝鮮語を習っています。

먹다　먹 ＋ 고 있다 ➡ 먹고 있다　지금 점심을 먹고 있습니다.
食べる   今昼ご飯を食べています。

注意！

1）～고 있다(ている)の尊敬の形は ～고 계시다（ていらっしゃる）。特殊な尊敬形になる用言の場合は，特殊な尊敬形に고 계시다が付く。

무엇을 하고 계세요?　　何をしていらっしゃいますか。

무엇을 드시고 계십니까?　何を召し上がっていらっしゃいますか。

2）連用形＋요の形が「～ている」の意味を表すこともあるので，覚えておこう。

도쿄에 살아요.　　　　東京に住んでいます。　　　（➡ p.57もっとうまくなるために）

지금 한국어를 공부해요.　今韓国朝鮮語を勉強しています。

練習4 例のようにaの語句をbの語句と結びつけて言ってみましょう。

例：a. 한국어를 배우다 b. 고 있어요. ➡ 한국어를 배우고 있어요.

① a. 어디에 살다 どこに住む   b. 고 계세요?

➡ どこに住んでいらっしゃいますか。

_____

② a. 영화를 보다 [映画]を見る   b. 고 있어요.

➡ 映画を見ています。

_____

③ a. 제 방을 청소하다 私の部屋を掃除する   b. 고 있습니다.

➡ 私の部屋を掃除しています。

_____

練習問題

表現練習

1 a, bに①〜⑤の語句を適当な形にして入れ，会話を完成させましょう。

A : 좀 더 (a) (b)는/은 없어요?

B : 이것보다 (a) 것은 없습니다.

① a. 싸다 安い   b. 물건 品物
② a. 밝다* 明るい   b. 색 [色]   * 밝다の発音は〔박따〕，밝은は〔발근〕と発音する。
③ a. 작다 小さい   b. 옷 服
④ a. 자세하다 詳しい   b. 지도 [地図]
⑤ a. 크다 大きい   b. 냉장고 [冷蔵庫]

2 次のa, bの部分に①〜④の語句を適当な形に変えて入れ，会話を完成させましょう。

A : (a)고 계세요?   B : (b)고 있어요.

① a. 무엇을 쓰다 何を書く   b. 리포트를 쓰다 レポートを書く
② a. 무엇을 읽다* 何を読む   b. 한국 소설을 읽다 [韓国]の[小説]を読む
             * 읽다の発音は〔익따〕。읽고は〔일꼬〕と発音する。
③ a. 지금 무엇을 하다 今何をする   b. 음악을 듣다 [音楽]を聞く
④ a. 누구에게 전화를 걸다 誰に[電話]をかける
   b. 어머니에게 전화를 걸다 母に[電話]をかける

💡 **覚えておこう**

- **用言語幹 + 네요** 〜ですね(え)

　何かに気づいたとき，発見して驚いたときに使う語尾。過去形（連用形＋ㅆ）の後ろにも付く。
ㄹ語幹の用言は語幹最後の終声ㄹが脱落する。

| 잘하시다 | ➡ | 일본어를 잘하시네요. | | 적다 | ➡ | 오늘은 사람이 적네요. |
お上手だ　　日本語がお上手ですね。　　少ない　　今日は人が少ないですね。

길다 ➡ 머리가 기네요.
長い　　髪が長いですね。

💬 **ちょっと一言**

朝鮮半島の山

　朝鮮半島で一番高い山が**백두산**（白頭山）（2744m）です。北朝鮮と中国の国境にあります。右の写真は白頭山の山頂にある**천지**（天池）です。山頂に国境があり，中国側からツアーで登ることができます。なお，韓国で一番高い山は済州島にある**한라산**（漢拏山）（1947m）です。

白頭山(백두산)

25

応用練習

■ aは参考語彙から選んで，bはイラストと下の語句を見ながら，適当な語句を入れて対話をしてみましょう。さらに，cにも参考語句から適当な語句を入れてB'のような回答もしてみましょう。

A ：무엇을 사고 싶어요?　何を買いたいですか。

B ：(ａ)（ ｂ ）를/을 사고 싶어요.

B' ：(ｃ)보다 더 (ａ)（ ｂ ）를/을 사고 싶어요.

(例)　B ：(큰)（ 가방)을 사고 싶어요.
　　　B' ：(이것)보다 더 (큰)（ 가방)을 사고 싶어요.

aの参考語彙

크다 大きい, 작다　小さい, 길다 長い, 짧다* 短い, 싸다 安い, 비싸다 高い, 많다 多い,
적다 少ない, 넓다* 広い, 좁다 狭い, 좋다 よい, 안전하다 [安全]だ, 밝다* 明るい,
깨끗하다 きれいだ, 清潔だ, 달다 甘い

　　　　　*짧다, 넓다, 밝다は, それぞれ〔짤따〕〔널따〕〔박따〕と発音する。

bの参考語句

가방 カバン　　　구두 靴　　　모자 帽子　　　치마 スカート

카메라 カメラ　　　아파트 マンション　　　테이블 テーブル

자동차 [自動車]　　　과자 [菓子]　　　젓가락 箸

cの参考語句

저것 あれ, 이것 これ, 저 모자 あの帽子, 이 구두 この靴, 우리 집 私の家

ちょっと一言
品物の売り方

　日本では398円のような値段を付け，少しおつりが返ってくることをアピールしますが，韓国ではほとんどがカード決済なのでそういう方法は取りません。その代わりによく見かけるのは2＋1，3＋1という方法です。複数買えば1個おまけする，1個だけ買うよりお得ということですね。韓国で買い物をするチャンスがあったら，品物の売り方を観察してみましょう。

会話と文化 ② ハングル

あやはハルモニに編み物を教えてもらっています。

1. 아 야: 할머니 여기 어떻게 하는지 잘 모르겠어요.

2. 할머니: 이렇게 하면 돼.

3. 아 야: 저... 얼마 후에 학교에서 한글 콘테스트가 있어요.

4. 할머니: 조금 있으면 한글날이라 그렇구나. 아야도 나갈 거니?

5. 아 야: 네. 근데 이 뜨개질 기호가 꼭 한글같이 생겼어요.

6. 할머니: 듣고 보니 그렇구나. 비슷한 데가 있네.

7. 아 야: 한글로 쓰여진 옛날이야기 중에서 뭐가 유명해요?

8. 할머니: 네 뒤에 있는 책장에 홍길동전이라는 그림책이 있을 거다.

9. 아 야: 홍기루우동전이요?

10. 할머니: 발음이 좀 이상한데? 홍, 길, 동, 전.

1. あ　　や: ハルモニ，この部分はどう編めばいいですか。
2. ハルモニ: こうすればいいよ。
3. あ　　や: あのう，今度学校でハングルコンテストがあるんです。
4. ハルモニ: もうすぐハングルの日だからかね。あやも参加するの。
5. あ　　や: はい。あれっ，この編み物の記号がハングル文字みたいです。
6. ハルモニ: そういえばそうだね。似ているところがあるわね。
7. あ　　や: ハングルで書かれた昔話で有名なものは何ですか。
8. ハルモニ: あやの後ろの本棚にホンギルトンジョンの絵本があるわよ。
9. あ　　や: ホンギルうどんジョン？
10. ハルモニ: ちょっと発音が変よ。ホン，キル，トン，チョン。

　　15世紀前半まで支配層を中心に使用されていたのは言語体系が異なる中国の漢字でした。朝鮮朝第4代の王である世宗(세종)は一般民衆にも分かりやすい独自の文字を，という思いから新たな文字を創製し，その文字を「訓民正音」(훈민정음)と名付けました。1446年に解説書「訓民正音解例本」が刊行されました。この本は，文字の原理や使用に関して説明したもので韓国の国宝第70号に指定され，1997年にはユネスコ世界記録遺産にも登録されています。「訓民正音」は近代になり，ハングル(한글)と呼ばれるようになります。10月9日はハングルの日(한글날)です。はじめて記念式典が行われた1926年は「カギャの日」と呼ばれ，その後「ハングルの日」となります。1970年に祝日として制定。1990年から2012年は公休日縮小の一環で祝日ではなくなりましたが，2013年より再び祝日となっています。「ハングルの日」当日には，世宗大王(세종대왕)の功績を称え，ハングルの普及・研究を奨励し，韓国各地で作文大会や記念式などハングルをテーマにした様々なイベントが開催されます。テレビや新聞では韓国語に関する特集番組や記事を組み，世宗大王のハングル創製精神にちなみ民族文化の発展に寄与した個人・団体に贈られる「世宗文化賞」の授賞式も行われます。「ハングル」は大切な生きている文化遺産なのです。

もっとうまくなるために　人称代名詞の使い方と変化

　저,우리などの人称代名詞の使い方は意外と難しいものです。ここでは，基本的な使い方を述べておきます。また，韓国朝鮮語の人称代名詞は，後ろに続く助詞によって形が変わることがあります。会話ではよく使われるので，覚えておきましょう。

1 人称代名詞の使い方

① 一人称

　目上の人や親しくない人と話すときは저を使う。日本語の「わたし，わたくし」にあたる。親しい人や目下の人には나を使う。日本語の「わたし，ぼく，おれ」などにあたる。「私たち」にあたるのは우리で，저들とか나들という表現はしないので注意する。우리は日本語の「うちの」にあたる使い方もある。우리 어머니，우리 학교は「うちのお母さん」「うちの学校」の意味で，一人っ子でも우리 어머니と言う。

② 二人称

　親しい間柄なら，自分は나，相手には너を使う。너は男女とも使い，日本語の「君，おまえ」より広く使われる。日本語で「○○ちゃん，ご飯食べた？」と言うようなとき，「너 밥 먹었어?」と너を使う。相手が目上の人や親しくない人の場合には，自分は저を使い，相手には人称代名詞を使わない。相手の役職がわかれば，과장님(課長さん)，사장님(社長さん)のように，役職＋님で呼ぶ。役職がわからない場合でかなり年が離れている場合は，선생님と呼んでもよい。同等ぐらいの人は，김성수 씨(キム・ソンスさん)のように姓名＋씨で呼ぶこともできる。ただし，日本語の「キムさん」を直訳して，김 씨のように姓だけに씨を付けて呼ぶのは大変失礼で，絶対してはいけない。呼び方がわからないときは，相手を呼ばないで会話をすればよい。

③ 三人称

　目上の人や親しくない人の場合，近くにいるときは이분(この方)，近くにいないときは저분(あの方)を使う。近くにいない知らない人を指す場合は，저 사람(あの人)を使う。近くにいる人を이 사람と言うのは失礼なので気をつける。그분(その方)，그 사람(その人)はその場にいない人を指すときに使う。

2 人称代名詞の形の変化

① 나(私, 僕)，저(私)，너(おまえ)，누구(誰)は助詞가(が)が後に続くとき，形が変化する。

나, 저, 너, 누구 ➡ 내가, 제가, 네가, 누가

내가 학생 때 유행했어요. 私が学生の時流行しました。

제가 학생 때 자주 갔어요. 私が学生の時よく行きました。

누가 왔어요? 誰が来たんですか。

② 나(私, 僕)，저(私)，너(おまえ)は「〜の」という意味で使うとき，形が変化する。

나, 저, 너 ➡ 내, 제, 네

내 볼펜 私の(僕の)ボールペン　　　　**제 가방** 私のカバン

③ 나(私, 僕)，저(私)，너(おまえ)に助詞에게(に)が後に続くとき，話し言葉では短縮形が使われることがある。

나에게, 저에게, 너에게 ➡ 내게, 제게, 네게

제게(내게) 주세요. 私にください。

第5課 簡単なのでよく作ります。＜理由を言う＞

第5과 간단해서 자주 만들어요. －ㄹ語幹用言のまとめ－

この課の表現

28

 ①

1. 한국 음식은 뭘 자주 만드세요?

韓国料理は何をよく作りますか。

2. 김치찌개가 간단해서 자주 만들어요.

キムチチゲが簡単なのでよく作ります。

3. 저도 김치찌개를 아주 좋아해요.

私もキムチチゲがとても好きです。

4. 맛있는 레시피를 알아요. 다음에 같이 만들어요.

おいしいレシピを知っています。今度一緒に作りましょう。

②

1. 이 가게는 유명한 것 같아요. 줄이 아주 기네요.

この店は有名なようですね。列がとても長いですね。

2. 네, 갈비가 맛있어서 항상 기다리는 사람이 많아요.

ええ、カルビがおいしくていつも待っている人がたくさんいます（多いです）。

3. 오래 기다릴 것 같아요.

長く待ちそうですね。

4. 그래도 정말 맛있어요. 조금만 기다리세요.

でも、本当においしいんです。少しだけ待ってください。

29

注意する発音

① 1. 한국 음식은 ➡ 〔한구금시근〕

　 2. 간단해서 ➡ 〔간다내서〕

　 3. 좋아해요 ➡ 〔조아해요〕

　 4. 맛있는 ➡ 〔마신는〕

　　 같이 ➡ 〔가치〕

② 2. 많아요 ➡ 〔마나요〕

単 語

① 1. 한국 음식 [韓国]料理　뭘 何を(무엇을の縮約形)　자주 よく,しばしば　만들다 作る

　 2. 김치찌개 キムチチゲ　간단하다 [簡単]だ

　 3. 아주 とても　좋아하다 好む,好きだ(를/을 좋아하다 ～が好きだ)

　 4. 맛있다 おいしい　레시피 レシピ　알다 知る,わかる　다음에 今度　같이 一緒に

② 1. 가게 店　유명하다 [有名]だ　줄 列　길다 長い　네요 ～ですね (p.26覚えておこう参照)

　 2. 갈비 カルビ　항상 いつも　기다리다 待つ　많다 多い

　 3. 오래 長く,永く　4. 그래도 でも,それでも　정말 本当に　조금 少し　만 ～だけ (p.77付録参照)

30

5-1 ㄹ語幹用言のまとめ

ㄹ語幹の用言は，語尾の種類によって語幹末の終声ㄹがなくなるなど，注意が必要である。ここでは ㄹ 語幹の用言の特徴をまとめておく。

☑確認 ㄹ語幹の用言とは ⇒ 語幹が終声のㄹで終わる用言すべて

살다 住む, 生きる ＝ 살＋다
　　└── 語幹(살)が終声ㄹで終わる

他に，알다(知る), 만들다(作る), 길다(長い), 멀다(遠い)など

◉ ㄹ語幹の用言の特徴

1 母音語幹か子音語幹かで形が異なる語尾が続くとき　⇒ （子音終わりの語幹であるのに）母音語幹用の形がつく。

たとえば，면/으면(～れば)(➡ 6-2)は면，세요/으세요は세요が付く。ただし，세요の場合は，次の **2** の条件で終声ㄹがなくなる。

母音語幹用の形
살다　　살 ＋ 면　　➡　　살면　　서울에 살면～
住む・生きる　　～れば　　　　　　　　ソウルに住んだら～

30

2 ㄴ, ㅅ, ㅂ, 終声ㄹで始まる語尾などが続くとき　⇒　語幹末の終声ㄹがなくなる。

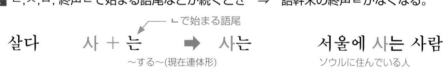

ㄴで始まる語尾
살다　　사 ＋ 는　　➡　　사는　　서울에 사는 사람
　　　　　～する～(現在連体形)　　　　ソウルに住んでいる人　♪

ㅅで始まる語尾
　　　　사 ＋ 세요　➡　사세요　어디에 사세요?
　　　　　～されます(か)　　　　どこにお住まいですか。

ㅂで始まる語尾
　　　　사 ＋ ㅂ니다 ➡ 삽니다　도쿄에 삽니다.
　　　　　～ます　　　　　　　東京に住んでいます。

終声ㄹで始まる語尾
　　　　사 ＋ ㄹ　➡　살　5월부터 살 기숙사
　　　　　～する～(未来連体形)　　5月から住む(予定の)寮

⚠ 注意 !

初声のㄹで始まる語尾(러(～しに)など)が続くときは，語幹末のㄹはなくならない。
(러/으러 가다はp.62覚えておこう参照。)

놀다 遊ぶ　놀 + 러　친구 집에 놀러 가요. 友達の家に遊びに行きます。

3 連用形(語幹＋아/어/여)は他の用言と同じ

살다　　살 ＋ 아　　➡　　살아　　서울에 살아요.
　　　　　～て　　　　　　　　　ソウルに住んでいます。　♪

31

次の用言に上の欄の語尾を付けて言ってみましょう。

	는 (する)	ㄹ (する)	ㅂ니다 (します)	세요 (されますか)	았/었습니다 (しました)
살다(住む)	사는	살	삽니다	사세요	살았습니다
알다(知る)					
만들다(作る)					

練習2 例のように，（　　）の中の用言と語尾を適当な形に変えて文を完成させましょう。

> 例: **어디에 (살다 + 세요/으세요)?** ➡ **어디에 사세요?**

① **처음 (만들다 + ㄴ/은) 한국 음식**

➡ 初めて作った[韓国]料理 _____

② **이 치마는 너무 (길다 + ㅂ니다/습니다).**

➡ このスカートは長すぎます。 _____

③ **다카하시 씨를 (알다 + 세요/으세요)?**

➡ 高橋さんをご存知ですか。 _____

④ **창문을 (열다 + 아/어) 주세요.**

➡ 窓を開けてください。 _____

5-2 用言連用形＋서(＝語幹＋아서/어서/여서) ～て, ～ので〔原因, 動作の先行〕

　節と節，句と句を結びつける語を接続語尾という。連用形＋서は先行する動作，原因・根拠を表す接続語尾で，「～て」あるいは「～ので」の意味になる。辞書では，아서または어서，여서の形で載っている。

가다 　**가 ＋ 서** ➡ **가서** 　**백화점에 가서 옷을 하나 샀어요.**〔動作の先行〕
行く　　連用形 　　　　　　　　　　デパートに行って，服を1着買いました。

막히다 **막혀 ＋ 서** ➡ **막혀서** 　**길이 막혀서 늦었어요.**〔原因・根拠〕
混む　　連用形 　　　　　　　　　　道が混んでいて遅くなりました。

練習3 次の用言を連用形＋서の形にして，言ってみましょう。

① **받다** 受け取る 　➡ _____ ② **밀다** 押す ➡ _____

③ **공부하다** 勉強する ➡ _____ ④ **오다** 来る ➡ _____

練習4 例のように（　　）の用言を連用形＋서の形にし，文を完成させましょう。

例：길이 (막히다) 늦었어요. ➡ 길이 막혀서 늦었어요.

① 집에 (오다) 저녁을 먹었어요. ➡ 家に帰って晩ご飯を食べました。

② 집이 (좁다) 이사를 했어요. ➡ 家が狭くて引っ越しをしました。

③ 책을 빌리고 (싶다) 도서관에 가요. ➡ 本を借りたくて[図書館]に行きます。

④ 열심히 (공부하다) 꼭 합격하세요. ➡ 一生懸命勉強して必ず[合格]してください。

5-3 用言連体形 ＋것 같다　〜ようだ，〜そうだ，〜と思う〔推量〕

日本語の「〜ようだ，〜そうだ」にあたる推量の表現。推測する内容（すでに実現した，今行われている，まだ実現していない）によって，連体形の形が変わるので，気をつける。

32

비가 오다
雨が降る

비가 온 것 같아요.★　雨が降ったようです。
비가 오는 것 같아요.　雨が降っているようです。
비가 올 것 같아요.　雨が降りそうです。

★ 같아요は話し言葉ではしばしば〔가태요〕と発音される。

練習5 例のように，（　　）内の指示に従って，次の語句を適当な形に変え，것 같아요を付けて言ってみましょう。

例：비가 오다 (現在連体形) ➡ 비가 오는 것 같아요.

① 사고가 나다 (過去連体形) ➡ [事故]が起こったようです。

② 교실 안에는 아무도 없다 (現在連体形) ➡ [教室]の中には誰もいないようです。

③ 약속 시간에 늦다 (未来連体形) ➡ [約束]の[時間]に遅れそうです。

④ 국이 좀 짜다 (現在連体形(形容詞)) ➡ スープが少し塩辛いみたいです。

表現練習

1 a, b, cに①~④の語句を連用形 (過去の場合は連用形+ㅆ어の形) に変えて入れ, 会話を完成させましょう。

A : (a)요?　　　B : (b)서 (c)요.

① a. 같이* 가다 一緒に行く　　＊같이は〔가치〕と発音。
　 b. 내일 시험이 있다 明日[試験]がある　　c. 못 가다 行けない

② a. 무슨 일이 있다 どうした
　 b. 공부를 하나도 안 하다 勉強を一つも(全く)しない　　c. 시험을 못 봤다 [試験]ができなかった

③ a. 좋은 일 있다 よいことがある
　 b. 네, 친구한테 선물을 받다 はい,友達からプレゼントをもらう　　c. 기분이 좋다 [気分]がよい

④ a. 몸이 안 좋다 身体の具合がよくない
　 b. 감기에 걸리다 風邪を引く　　c. 열이 나다 [熱]が出る

2 a, bに①~④の語句を適当な形に変えて入れ, 会話を完成させましょう。aには用言の連用形 (過去の場合は連用形+ㅆ어の形), bには ( ) 内の日本語訳に合うような形を入れましょう。

A : (a)요?　　B : (b) 것 같아요.

① a. 사이즈가 잘 맞다 サイズがぴったりだ
　 b. 좀 크다 (➡ 少し大きいみたいです。)

② a. 언제 오다 いつ来る
　 b. 10분 정도 걸리다 (➡ 10分くらいかかりそうです。)

③ a. 이 책 다 읽었다 この本全部読んだ
　 b. 반 정도 읽다 (➡ 半分くらい読んだと思います。)

④ a. 치마가 짧다 スカートが短い
　 b. 아니요, 너무 길다 (➡ いいえ, 長すぎるみたいです。)

ちょっと一言
김치 (キムチ)

　キムチは乳酸菌・カプサイシン・ビタミン・ミネラルを含有する健康食品です。野菜の種類(白菜・胡瓜・大根・干し大根・ネギなど) や양념 (味付け)の仕方で, 地方や家庭ごとに味に多様性があります。食卓には毎食キムチがあり, 調味料としても使います。**김치찌개 (キムチチゲ)・김치볶음밥 (キムチポックムパップ)・콩나물김치국(もやしキムチスープ)・김치전(キムチチヂミ)・두부김치 (キムチ豆腐)・김치피자 (キムチピザ)・김치우동(キムチうどん)・김치라면 (キムチラーメン)** など, さまざまな料理に使われます。

■ イラストと語句を見ながら，理由を尋ねる質問とその答えを言ってみましょう。

A : 왜 (ａ)ㅆ어요? 　B : (ｂ)서　(ｃ)ㅆ어요.

①
a. 늦다 遅くなる
b. 늦잠을 자다 寝坊をする
c. 늦다 遅くなる

A : 왜 늦었어요?　　B : 늦잠을 자서 늦었어요.

② a. 어제 학교에 안 오다 昨日[学校]に来ない
b. 열이 나다 [熱]が出る
c. 못 오다* 来られない ＊못 오다는〔모도다〕と発音。

③
a. 밥을 안 먹다 ご飯を食べない
b. 시간이 없다 [時間]がない
c. 못 먹다* 食べられない ＊못 먹다는〔몬먹따〕と発音。

④ a. 한국어를 공부하다 韓国朝鮮語を勉強する
b. 한국 드라마를 좋아하다 [韓国]ドラマが好きだ
c. 시작하다 始める

⑤
a. 시험에 떨어지다 [試験]に落ちる
b. 너무 긴장하다 [緊張]しすぎる
c. 시험을 못 보다 [試験]ができない

⑥ a. 가방을 안 사다 カバンを買わない
b. 지갑을 잃어버리다 財布をなくす
c. 못 사다 買えない

第6課 カラオケに行くとよく歌います。〈場所を教える〉

제6과 노래방에 가면 자주 불러요.　－르変則－

33

この課の表現

①

1. 한국 노래를
　좋아하세요?
韓国の歌，お好きですか。

2. 네, 노래방에 가면
　자주 불러요.
ええ，カラオケに行くとよく歌います。

3. 그럼 한국어도
　잘하세요?
じゃあ，韓国朝鮮語(韓国語)も
お上手ですか。

4. 아뇨, 간단한 인사만
　할 수 있어요.
いいえ，簡単な挨拶だけできます
(話すことができます)。

②

1. 일본에서는 몇 살부터
　술을 마실 수 있어요?
日本では何歳からお酒を飲むことが
できますか。

2. 20(스무) 살부터요.
　한국은 어때요?
20歳からです。韓国はどうですか。

3. 일본하고 좀 달라요.
　19(열아홉) 살부터 마실
　수 있어요.
日本とちょっと違います。
19歳から飲めます。

4. 그럼 저도 한국에 가면
　술을 마실 수 있네요.
じゃあ，私も韓国に行けば，
お酒を飲めるんですね。

34

注意する発音

❶ 1. 한국 노래　➡〔한궁 노래〕
　　　좋아하세요　➡〔조아하세요〕
　　3. 잘하세요　➡〔자라세요〕
　　4. 간단한　➡〔간다난〕
　　　할 수　➡〔할 쑤〕
❷ 1. 마실 수　➡〔마실 쑤〕
　　4. 있네요　➡〔인네요〕

単 語

❶ 1. 한국 [韓国] 노래 歌
　　2. 노래방 カラオケ　부르다 歌う
　　3. 그럼 じゃあ,では　한국어 韓国朝鮮語,[韓国語]
　　　잘하다 上手だ
　　4. 간단하다 [簡単]だ　인사 挨拶　만 〜だけ (p.77付録
　　　参照)　하다 する
❷ 1. 일본 [日本]　몇 何〜　살 〜歳　술 酒　마시다 飲む
　　2. 요 〜です (p.40覚えておこう参照)　어때요 どうですか
　　3. 좀 ちょっと,少し　다르다 違っている
　　4. 네요 〜ですね (p.26覚えておこう参照)

6-1 르変則用言(르変)

　韓国朝鮮語には，通常の用言と形の取り方が一部異なる変則用言というものがある。同じ条件でも変則の場合と変則でない場合があるので，注意が必要である。

1 르変則用言とは　⇒　語幹最後が르である用言の大部分

다르다(違っている)，모르다(知らない)，부르다(歌う．呼ぶ)など
　⤶　語幹(다르)が르で終わっている。

⚠ 注意！

語幹最後が르である用言はすべて変則用言である。その大部分は르変則だが，一部の用言は別の変則になる。➡ **7-1** 으変則用言，付録p.72 러変則用言

2 르変則用言の特徴　⇒　連用形(語幹＋아/어)が通常と異なる形になる。

> **語幹～르 ＋ 語尾語 → ～ㄹ라/ㄹ러★**

★ ㄹ라になるかㄹ러になるかは，르の前の音節の母音が陽母音か陰母音かによる。

빠르다　빠르 ＋ 어 ➡ 빨라　　부르다　부르 ＋ 어 ➡ 불러
早い　　陽母音＋르＋어　→　ㄹ라　　歌う　　陰母音＋르＋어　→　ㄹ러

속도가 너무 빨라요.
[速度]が速すぎます。

일본 노래를 불러 주세요.
日本の歌を歌ってください。

🎧 르変則用言（르変）

	連用形(語幹＋아/어) ～て	連用形＋서 ～て，～ので	連用形＋요 ～ます，～です	連用形＋ㅆ어요 ～ました，～でした
빠르다 (早い,速い)	빨라	빨라서	빨라요	빨랐어요
부르다 (歌う,呼ぶ)	불러	불러서	불러요	불렀어요

練習1 例のように，次の用言を連用形，連用形＋서，連用形＋요，連用形＋ㅆ어요の形にして，言ってみましょう。

> 例：빠르다 ➡ 빨라，빨라서，빨라요，빨랐어요

① 다르다 違っている ➡＿＿＿＿＿＿，＿＿＿＿＿＿，＿＿＿＿＿＿，＿＿＿＿＿＿

② 모르다 知らない ➡＿＿＿＿＿＿，＿＿＿＿＿＿，＿＿＿＿＿＿，＿＿＿＿＿＿

③ 흐르다 流れる ➡＿＿＿＿＿＿，＿＿＿＿＿＿，＿＿＿＿＿＿，＿＿＿＿＿＿

練習2 例のように，（　）の中の用言を連用形にして文を完成させましょう。

> 例：속도가 너무（빠르다）요.　➡　속도가 너무 빨라요.

① 한국어는 아직 잘（모르다）요.　　➡　韓国朝鮮語はまだよくわかりません。

_____

② 마당에서 토마토를（기르다）요.　　➡　庭でトマトを育てています。

_____

③ 시험 문제가 예상과（다르다）ㅆ어요.　➡　[試験問題]が[予想]と違いました。

_____

④ 가위로 냉면을（자르다）주었어요.*　➡　はさみで[冷麺]を切ってくれました。

_____

＊ 連用形+주다 ～てくれる→付録P.76。

6-2　用言語幹＋면/으면　～れば, ～と, ～たら〔仮定, 条件〕

仮定や条件を表す接続語尾。用言語幹のほか，尊敬の～시/으시，過去の～ㅆなどの後にも付く。

～れば, ～と, ～たら	母音語幹・ㄹ語幹	子音語幹
	語幹 ＋ 면	語幹 ＋ 으면

가다　가 ＋ 면　➡　가면　　조금 가면 편의점이 있어요.
行く　母音語幹　　　　　　　　少し行くとコンビニがあります。

알다　알 ＋ 면　➡　알면　　다나카 씨 주소를 알면 가르쳐 주세요.
知る　ㄹ語幹　　　　　　　　　田中さんの[住所]を知っていれば教えてください。
　└──── 母音語幹と同じ形

앉다　앉 ＋ 으면 ➡　앉으면　여기 앉으면 위험해요.
座る　子音語幹　　　　　　　　ここに座ると危ないです。

練習3 次の用言に면/으면を付けて，言ってみましょう。

① 오다 来る　➡_____　② 모르다 知らない ➡_____

③ 만들다 作る ➡_____　④ 작다 小さい　　➡_____

練習4 例のように，（　　）の用言に**면/으면**を付けて文を完成させましょう。

> 例：조금 (가다) 편의점이 있어요.　➡　조금 가면 편의점이 있어요.

① 두 개를 (사다) 하나 더 드립니다.　➡　２個買えばもう１つ差し上げます。

_____

② 옷이 마음에 안 (들다) 교환하세요.　➡　服が気に入らなければ[交換]してください。
　　　　　　　　　　　　　　　　　　　　　　　　　　　（交換できます）

_____

③ 질문이 (있다) 지금 하세요.　➡　[質問]があれば今してください。

_____

6 - 3　動詞語幹＋ㄹ/을 (未来連体形) 수 있다(없다)

〜することができる(できない)

可能，不可能を表す表現。不可能を表す表現には，〜지 못하다，못 〜もある。

（➡『改訂版　根と幹』12課参照）

37

타다 乗る	➡	탈 수★ 있다(없다) 母音語幹	지금 가면 KTX(케이티엑스)를 탈 수 있어요. 今行けばKTXに乗ることができます。
만들다 作る	➡	만들 수★ 있다(없다) ㄹ語幹	저는 김치를 만들 수 있어요. 私はキムチを作ることができます。
받다 受け取る	➡	받을 수★ 있다(없다) 子音語幹	이 선물은 받을 수 없습니다. このプレゼントは受け取ることができません。

★수は濃音の [쑤] で発音する。

練習5 例のように，次の語句に（　　）の中の表現を付けて言ってみましょう。

> 例：김치를 만들다 (ㄹ/을 수 있어요)　➡　김치를 만들 수 있어요.

① 한국어로 편지를 쓰다 (ㄹ/을 수 있어요)　➡　韓国朝鮮語で手紙を書くことができます。

② 한글은 읽다 (ㄹ/을 수 없어요)　➡　ハングルは読むことができません。

_____

③ 두 명이면 이 집에 살다 (ㄹ/을 수 있습니다)➡　２人ならこの家に住めます。

_____

表現練習

1 次の①～③の語句をa, bに入れて会話を完成させましょう。bには用言の連用形を入れましょう。

A：(a)ㄹ/을 수 있어요?　　　　B：아뇨, (b)요.

① a. 같이 여행 가다　一緒に[旅行]に行く
　 b. 못 가다　行けない
② a. 이 글자를 읽다　この文字を読む
　 b. 러시아어는 모르다*　ロシア語は知らない　＊모르다는 르変則。
③ a. 이 집에 살다　この家に住む
　 b. 너무 좁다　狭すぎる

2 a, bに①～③の語句を適当な形に変えて入れ, 会話を完成させましょう。

A：(a)면/으면 무엇을 하고 싶어요?　　　　B：(b)고 싶어요.

① a. 돈이 많이 있다　お金がたくさんある
　 b. 자가용 비행기를 사다　[自家用飛行機]を買う
② a. 2(이)학년에 올라가다　2年生になる(上がる)
　 b. 역사학을 공부하다　[歴史学]を勉強する
③ a. 주말에 날씨가 좋다　[週末]天気がよい
　 b. 등산 가다　山登りに行く

💡 覚えておこう

・～요　～です (日本語では訳せないことが多い) 〈話し言葉〉

　いろいろな言葉 (名詞, 副詞, 助詞, 語尾など) の後ろに付けることにより, その表現や文を丁寧な表現にする。子音終わりの名詞の後では, 이요と表記・発音されることがある。

(副詞の後) 정말요?　本当ですか。　　벌써요?　もうですか。

(語尾の後) "다른 약속이 있어서요."　「他の約束があって。」

38

ちょっと一言

노래방 (カラオケ)

　カラオケは**노래방**と言い, 直訳すると, 「歌 (**노래**) の部屋 (**방**)」という意味です。日本と同じように, 韓国の人もよくカラオケに行きます。聞いている人も踊ったり, 一緒に歌ったりして楽しみます。最近は**코인노래방** (コインカラオケ) と言って, ブースのような部屋で機械にコインや紙幣を入れて歌う形式の店も増えています。日本の歌も歌えるので, 一度行ってみるとよいでしょう。

応用練習

■ 例のように，①〜⑤の質問に対して，地図と下の語句を見ながら，答えてみましょう。

〈例〉　問：**백화점은 어디 있어요?**　デパートはどこにありますか。

答：**이 길을 똑바로 가시면 사거리가 있어요.**

사거리에서 왼쪽으로 가시면 나와요.

この道をまっすぐ行かれると交差点があります。

交差点で左に行かれると見えます（出てきます）。

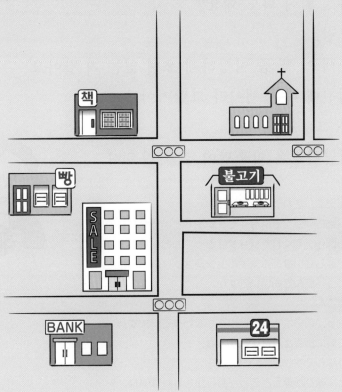

● 現在地(지금 있는 곳)

① 서점은 어디 있어요?

② 이 근처에 편의점이 있어요?

③ 은행에서 돈을 찾고 싶어요.

④ 맛있는 불고기집이 있어요?

⑤ 교회에 가고 싶어요.

〈語句〉

사거리 交差点, **삼거리** 三叉路, **신호** 信号, **골목** 路地, **똑바로** まっすぐ, **오른쪽** 右,
왼쪽 左, **옆** 隣, **앞** 前, **첫번째** 最初, **두 번째** ２番目, **가다** 行く, **들어가다** 入る,
보이다 見える

1. 아　야: 할머니 이게 전이에요?

2. 할머니: 먹는 전이 아니라 이야기란 뜻이야.

3. 아　야: 저번에 할머니가 만들어 주신 전 진짜 맛있었어요.

4. 할머니: 먹는 전은 아니지만 홍길동전도 참 재미있는 책이란다.

5. 아　야: 아... 읽어 봐도 돼요?

6. 할머니: 그럼.

7. 아　야: 근데 이 책 좀 이상하게 쓰여 있는 거 같아요.

8. 할머니: 예전에 나온 책이라 그럴거야.

9. 아　야: 아 그렇구나.

10. 할머니: 지금이랑은 맞춤법이 조금 다르지.

1. あ　　や: ハルモニ，これジョンですか。
2. ハルモニ: 食べ物のジョンではなくて「物語」という意味なのよ。
3. あ　　や: この間作ってくれたジョンはとってもおいしかったです。
4. ハルモニ: 食べはしないけどホンギルトンジョンは面白い本だよ。
5. あ　　や: あのう，読んでもいいですか。
6. ハルモニ: もちろん。
7. あ　　や: あれっ，この本ちょっと綴りが変わっています。
8. ハルモニ: 少し昔に出版された本だからね。
9. あ　　や: そうなんですか。
10. ハルモニ: 今とは綴りが違うところがあるかもしれないね。

　　韓国朝鮮語は現在すべてハングルで表記されます。韓国朝鮮語は，語彙の多くに漢字の言葉があります。ひとつの漢字がひとつの音であることが多く学習しやすい反面，困ったことに同音異義の漢字語がたくさんできました。食べ物のジョン「煎」も物語のジョン「伝」もハングルでは전です。このスキットでは同音異義語で言葉遊び（말놀이）を楽しんでいます。ジョンは日本ではチヂミと言います。

　　ホンギルトンジョン（홍길동전）は，漢字では「洪吉童（または同）伝」と書きます。姓は洪，名は吉童，という主人公は奴婢の母から1443年に生まれました（但し，父は両班）。文学史上初めてのハングル小説と言われています。作者の許筠（허균）（1569-1618）は当代一の文章家，詩人でした。

　　韓国ではハングルと言いますが，北朝鮮（朝鮮民主主義人民共和国）ではチョソングル（조선글）と言います。ハングルでは分かち書き（띄어쓰기）が大切です。綴字法であるハングル正書法（한글 맞춤법）は1988年に改定されたので，それ以前と以後で表記が異なる点があります。

もっとうまくなるために　漢字の発音

　韓国朝鮮語では，日本語の漢語にあたる漢字語が多く使われており，漢字で表記すれば日本語の漢語と同じになる言葉もたくさんあります。漢字語を覚える近道は，漢字の発音を覚えることです。韓国朝鮮語では，漢字の発音は音読みだけで日本語のような訓読みはなく，多くの漢字では音読みも１つだけです。つまり，ある１つの漢字の発音を覚えれば，その漢字が含まれる漢字語の発音・表記がわかるようになります。たとえば，「学」の発音は학です。そうすると，「大学」は〜학，「学校」は학〜と発音・表記することがわかります。日本語と韓国朝鮮語の漢字の発音は対応していることがあるので，それを参考にして覚えると，より簡単に漢字の発音を覚えられます。以下，比較的よく対応している場合を挙げておきます。

1 初声

　① ＜日本語＞ハ行で始まる → ＜韓国朝鮮語＞「ㅂ」「ㅍ」で始まる

　　「配」はい ➡ 배　「非/比/飛」ひ ➡ 비　「表」ひょう ➡ 표　「被」ひ ➡ 피

　② ＜日本語＞カ行・ガ行で始まる → ＜韓国朝鮮語＞「ㄱ」で始まることが多く，「ㅎ」「ㅇ」で始まることもある

　　「家/歌」か ➡ 가　「記/基」き ➡ 기　「教」きょう ➡ 교　「経/景」けい ➡ 경

　　「海/解」かい ➡ 해　「呼/湖」こ ➡ 호　「眼」がん ➡ 안　「五/午」ご ➡ 오

2 母音

　① ＜日本語＞「〜aい」 → ＜韓国朝鮮語＞母音「ㅐ」か「ㅔ」のことが多い

　　「愛」あい ➡ 애　「開」かい ➡ 개　「対」たい ➡ 대　「済/際」さい ➡ 제

3 終声

　① ＜日本語＞「〜ち，〜つ」 → ＜韓国朝鮮語＞終声「ㄹ」のことが多い

　　「一」いち ➡ 일　「室」しつ ➡ 실　「日」にち ➡ 일　「末」まつ ➡ 말

　② ＜日本語＞「〜ん」 → ＜韓国朝鮮語＞終声「ㄴ」「ㅁ」

　　「案」あん ➡ 안　「半/反」はん ➡ 반　「三/参」さん ➡ 삼　「心/審」しん ➡ 심

　③ ＜日本語＞「〜く，〜き」 → ＜韓国朝鮮語＞ほとんどの場合終声「ㄱ」

　　「各/覚」かく ➡ 각　「学」がく ➡ 학　「束/速」そく ➡ 속　「的/適/敵」てき ➡ 적

◎少数ですが，発音が２つ以上ある漢字もあります。

①金 김/금 김대중 金大中(人名) 금요일 金曜日　②車 차/거 자동차 自動車 자전거 自転車
③茶 차/다 녹차 緑茶　다방 茶房　④行 행/항 은행 銀行　항렬자 行列字
⑤画 화/획 영화 映画　계획 計画　⑥不 부/불 부족 不足　불편 不便

43

第7課 ちょっと辛いですがとてもおいしいです。＜逆のことを言う＞
第7과 좀 맵지만 아주 맛있어요.　—으変則，未来意志形—

この課の表現

40

①

1. 괜찮으세요? 안색이 안 좋아요.
大丈夫ですか。顔色がよくありません。

2. 아침부터 머리가 아파요.
朝から頭が痛いんです。

3. 병원에는 가셨어요?
病院には行かれましたか。

4. 아뇨, 오늘은 일이 바빠서 못 갈 것 같아요.
いいえ，今日は仕事が忙しくて行けそうにありません（行けなそうです）。

②

1. 뭘 드시겠어요?
何を召し上がりますか。

2. 떡볶이를 먹고 싶어요.
トッポギを食べたいです。

3. 좀 맵지만 아주 맛있어요. 여기요! 떡볶이 2(이)인분 주세요.
ちょっと辛いですが，とてもおいしいです。すみません。トッポギ2人前ください。

4. 네, 알겠습니다.
はい，かしこまりました。

41

注意する発音

❶ 1. 괜찮으세요 ➡ 〔괜차느세요〕
　　 좋아요 ➡ 〔조아요〕
　 4. 갈 것 ➡ 〔갈 껃〕

単 語

❶ 1. 괜찮다 大丈夫だ　안색 [顔色]　좋다 よい
　 2. 아침 朝　머리 頭　아프다 痛い
　 3. 병원 [病院]
　 4. 오늘 今日　일 仕事,用事　바쁘다 忙しい
❷ 1. 드시다 召し上がる
　 2. 떡볶이 トッポギ（料理の名前）
　 3. 맵다 辛い　맛있다 おいしい　여기요! すみません。
　　（店員を呼ぶときに使う。直訳すると「ここです。」）
　　인분 ～人前，～[人分]　주다 くれる,あげる
　 4. 알겠습니다 わかりました,かしこまりました

44

表　現

7-1　으変則用言(으変)

　語幹の最後が母音の「ㅡ」で終わる用言は，르変則（→ 6-1 ），러変則（→付録p.72）のもの
を除き，すべてこの変則に属する。

1 으変則用言とは　⇒　語幹最後が母音の「ㅡ」で終わる用言の大部分

　　바쁘다 (忙しい)，아프다 (痛い)，크다 (大きい)など
　　　　↖──── 語幹(바쁘)の最後が母音の「ㅡ」

⚠ 注 意 !

語幹最後が르で終わる用言は大部分が르変則で，으変則は少ない。
〔語幹最後が「르」でも으変則に属するもの〕→ 들르다(立ち寄る)，따르다(従う)，치르다(支払う)

2 으変則用言の特徴　⇒　連用形(語幹＋아/어)が通常と異なる形になる。

> 語幹最後の母音 ㅡ ＋ 語尾어 → ㅏ/ㅓ ★

　★ ㅏになるかㅓになるかは，「ㅡ」の前の母音が陽母音か陰母音かによる。
　　なお，語幹が1音節のときはかならずㅓになる。

바쁘다　바쁘 ＋ 어 ➡ 바빠　　기쁘다　기쁘 ＋ 어 ➡ 기뻐
忙しい　　陽母音＋ㅡ＋어　→　ㅏ　　うれしい　　陰母音＋ㅡ＋어　→　ㅓ

쓰다　쓰 ＋ 어 ➡ 써
書く　語幹1音節 ＋ 어　→　ㅓ

금요일이 제일 바빠요.　　　　　　　　[金曜日]が一番忙しいです。
시험에 합격해서 정말 기뻤어요.　　　[試験]に[合格]して本当にうれしかったです。
여기에 성함을 써 주세요.　　　　　　ここにお名前をお書きください。

◎ 으変則用言（으変）

	連用形(語幹＋아/어) ～て	連用形＋서 ～て，～ので	連用形＋요 ～ます，～です	連用形＋ㅆ어요 ～ました，～でした
바쁘다 (忙しい)	바빠	바빠서	바빠요	바빴어요
기쁘다 (うれしい)	기뻐	기뻐서	기뻐요	기뻤어요
쓰다 (書く, 使う)	써	써서	써요	썼어요

ⓐ 으変則，르変則の区別

1 語幹最後が「르」以外の場合 ⇒ すべて으変則

2 語幹最後が「르」の場合

① 들르다(立ち寄る)，따르다(従う)，치르다(支払う) ⇒ 으変則

② 푸르다(青い)，노르다(黄色い)，누르다(黄色い)，이르다(至る) ⇒ 러変則★

③ 上の①②の語以外 ⇒ 르変則

★ 러変則については付録p.72参照。現段階では覚えなくてよい。

練習1 例のように，次の用言を連用形，連用形＋서，連用形＋요，連用形＋ㅆ어요の形にして，言ってみましょう。

> 例：**기쁘다** ➡ 기뻐，기뻐서，기뻐요，기뻤어요

① **아프다** 痛い ➡ ＿＿＿＿＿＿，＿＿＿＿＿＿，＿＿＿＿＿＿，＿＿＿＿＿＿

② **예쁘다** きれいだ ➡ ＿＿＿＿＿＿，＿＿＿＿＿＿，＿＿＿＿＿＿，＿＿＿＿＿＿

③ **크다** 大きい ➡ ＿＿＿＿＿＿，＿＿＿＿＿＿，＿＿＿＿＿＿，＿＿＿＿＿＿

練習2 例のように，（　）の中の用言を連用形にして文を完成させましょう。

> 例：금요일이 제일 (바쁘다)요. ➡ 금요일이 제일 바빠요.

① 동생은 키가 (크다)요.　　　　　➡ 弟(妹)は背が高いです。

＿＿＿＿＿＿＿＿＿＿＿＿＿＿＿＿＿＿＿

② 이가 (아프다)서 밥을 못 먹어요.　➡ 歯が痛くてご飯が食べられません。

＿＿＿＿＿＿＿＿＿＿＿＿＿＿＿＿＿＿＿

③ 봄에는 진달래 꽃이 (예쁘다)요.　➡ 春にはヤマツツジの花がきれいです。

＿＿＿＿＿＿＿＿＿＿＿＿＿＿＿＿＿＿＿

④ 이쪽으로 (따르다)오세요.　　　➡ こちらについて来てください。

＿＿＿＿＿＿＿＿＿＿＿＿＿＿＿＿＿＿＿

ちょっと一言

━ 韓国の花 ━

무궁화(ムクゲ)は韓国の国花です。春には개나리(レンギョウ)や진달래(ヤマツツジ)，夏には해바라기(ヒマワリ)，秋にはコスモス (コスモス) が咲きます。진달래の花は화채(ファチェ, 冷たいハチミツ水)などに食材としても用います。벚꽃(サクラ)の名所も増えましたが，日本のような花見の宴会はありません。韓国には気軽に花を贈る文化があります。

チンダルレ(진달래)

46

用言語幹＋겠 （未来意志形）

日本語にはない表現なので，例文を参考にして使い方を覚えよう。

1 ～する，～するつもりだ〔意志・意向〕

오다　　오 ＋ 겠 ＋ 습니다*　➡　오겠습니다 내년에 다시 오겠습니다.
来る　　語幹　　　語尾　　　　　　　　　　　　[来年]また来ます。

43

★ 겠の後には어요，습니다(습니까)が付く。

・겠は尊敬の～시/으시の後に続く。

떠나다　떠나＋시＋겠＋어요 ➡ 떠나시겠어요　언제 떠나시겠어요?
発つ　　語幹　尊敬　　語尾　　　　　　　　　　いつお発ちになりますか。

2 ～だろう〔推量・将然性(まさに起ころうとしている)〕

오후에는 눈이 오겠습니다.　　　[午後]には雪が降るでしょう。(天気予報で)

약간 늦겠습니다.　　　　　　　少し遅くなりそうです。

・このほかに，控えめな気持ちを表したり，慣用的に使う場合もある。

잘 모르겠어요.　　　よくわかりません。　　　알겠습니다. わかりました。

말씀 좀 묻겠습니다. ちょっとお尋ねします。

練習3 例のようにaの語句をbの語句と結びつけて言ってみましょう。

> 例：a. 내년에 다시 오다　b. 겠습니다.　➡　내년에 다시 오겠습니다.

① a. 선생님도 함께 가시다*　　　b. 겠습니까?　　* 가시다는가다の尊敬の形。

　➡　先生も一緒に行かれますか。　　　_____

② a. 뭘 드시다　　　　　　　　b. 겠습니까?

　➡　何を召し上がりますか。　　　　_____

③ a. 오늘부터 열심히 공부하다　b. 겠습니다.

　➡　今日から一生懸命勉強します。　_____

用言語幹＋지만 ～が，～けれども〔逆接〕

逆接や前提など「～が，～けれども」とよく似た使い方をする接続語尾。用言語幹のほか，尊敬の～시/으시や過去の～ㅆ，未来意志の겠の後にも付く。

44

맵다　　맵 ＋ 지만 ➡ 맵지만　　맵지만 맛있어요.
辛い　　語幹　　　　　　　　　　辛いですがおいしいです。

마셨다　마셨 ＋ 지만 ➡ 마셨지만　인삼차를 마셨지만 맛이 없었어요.
飲む(過去)　過去　　　　　　　　　[人参茶]を飲みましたが，おいしくなかったです。

47

練習4 例のようにa，bの語句を**지만**で結びつけて言ってみましょう。

> 例：a. 맵다　b. 맛있어요.　➡　맵**지만** 맛있어요.

① a. 이 영화는 길다　b. 재미있어요.　　➡　この[映画]は長いですが面白いです。

_____

② a. 죄송하다　b. 경찰서가 어디입니까?　➡　すみませんが，[警察署]はどこですか。

_____

③ a. 한국 사람이다*　b. 일본어를 잘해요.**　➡　韓国人ですが[日本語]が上手です。

_____

　　　　　　　* 指定詞이다の語幹は이。　** 〜를/을 잘하다で「〜が上手だ，うまい」。

④ a. 교실에 갔다　b. 아무도 없었어요.　　➡　[教室]に行ったけれども誰もいませんでした。

_____

表現練習

1 a，bに①〜③の語句を適当な形にして入れ，会話を完成させましょう。

A：(　a　)시겠습니까?　　　　　B：(　b　)겠습니다.

① a. 방학 때는 무엇을 하다 (学校の)休みの時は何をする
　 b. 미국에 여행을 가다 アメリカに[旅行]に行く
② a. 오늘은 무엇을 만들다 今日は何を作る
　 b. 친구에게 줄 케이크를 만들다 友達にあげるケーキを作る
③ a. 어머니께 무엇을 선물하다 お母さんに何をプレゼントする
　 b. 카네이션을 드리다 カーネーションをあげる（さしあげる）

2 a，b，cに①〜③の語句を適当な形に変えて入れ，会話を完成させましょう。
　 a，bには連用形，cには連用形か過去の形（連用形＋ㅆ어の形）を入れましょう。

A：(　a　)써어요?　　B：네, (　b　)써지만 (　c　)요.

① a. 수업은 끝나다　[授業]は終わる　　　　　　　　b. 끝나다 終わる
　 c. 지금부터 아르바이트에 가다 今からアルバイトに行く
② a. 병원에 가다　[病院]に行く　　　　　　　　　　b. 병원에 가다 [病院]に行く
　 c. 아직도 머리가 아프다* まだ頭が痛い　* 아프다는ㅡ変則。
③ a. 한국어로 편지를 쓰다* 韓国朝鮮語で手紙を書く　b. 편지를 쓰다 手紙を書く
　 c. 아직 안 보냈다 まだ送っていない　* 쓰다는ㅡ変則。

■ 下の語句の中から適当な語句を選んで，会話を作ってみましょう。a, cには用言の連用形，bには語幹を入れましょう。

A : (a)요?　B : (b)지만　(c)요.

(例)　A : 겨울방학에 한국에 가요?　B : 가고 싶지만 돈이 없어요.

aの語句

겨울방학에 한국에 가다 冬休みに[韓国]に行く
한국드라마는 재미있다 [韓国]ドラマは面白い
조깅을 하다 ジョギングをする

전철을 타다 [電車]に乗る
무슨 약을 먹다 どんな[薬]を飲む

bの語句

가고 싶다 行きたい
재미있다 面白い
매일 뛰다 [毎日]走る

사람이 많다 人が多い
감기약을 먹고 있다 風邪薬を飲んでいる

cの語句

돈이 없다 お金がない
너무 길다 長すぎる
살이 안 빠지다 やせない, 肉が落ちない

차보다 빠르다 車より早い
기침이 계속 나다 咳が続けて出る

떡볶이 (トッポギ)

トッポギは棒状の**가래떡 (カレトック)** を甘辛い濃厚なたれで煮込んだ屋台の定番料理です。おやつや夜食として手軽に食べます。元来は宮廷料理「**떡볶음 (醬油味の肉と野菜入り餅炒め)**」でしたが，甘いコチュジャン味が登場し，手軽なおやつとして食べられるようになりました。

トッポギ(떡볶이)

第8課 友達に聞いてみましょうか。<相手の意向を尋ねる，誘う>

第8과 친구한테 물어볼까요? ー ㄷ変則ー

この課の表現

①

1. 너무 많이 먹어서 배가 불러요.

たくさん食べ過ぎてお腹がいっぱいです。

2. 그럼 역까지 걸어서 갈까요?

駅まで歩いて行きましょうか。

3. 네, 조금 걷는 게 좋겠어요.

ええ，少し歩いた方が(歩くのが)良さそうです。

4. 그래요. 오늘은 날씨도 따뜻하네요.

そうです。今日は天気も暖かいですね。

②

1. 서울에 가면 뭐 할 거예요?

ソウルに行ったら何をするつもりですか。

2. 한복을 입고 경복궁에서 사진을 찍고 싶어요.

韓服を着て景福宮で写真を撮りたいです。

3. 음식은 갈비를 먹고 싶어요. 맛있는 가게 아세요?

食べ物はカルビを食べたいです。 おいしいお店をご存じですか。

4. 글쎄요. 친구들한테 한번 물어볼까요?

さあ。友達(たち)に一度尋ねてみましょうか。

注意する発音

❶ 1. 많이 ➡ 〔마니〕

　　3. 걷는 ➡ 〔건는〕

　　　좋겠어요 ➡ 〔조케써요〕

　　4. 따뜻하네요 ➡ 〔따뜨타네요〕

❷ 1. 할 거예요 ➡ 〔할 꺼에요〕

　　3. 맛있는 ➡ 〔마신는〕

単語

❶ 1. 너무 あまりに，〜すぎる；とても　많이 たくさん

　　배 お腹　부르다 (お腹が) いっぱいだ

　2. 그럼 じゃあ，では　역 [駅]　걷다 歩く

　3. 조금 少し　게 ことが (것이の縮約形)

　4. 그래요 そうです　오늘 今日　날씨 天気

　　따뜻하다 暖かい　네요 〜ですね(え)

❷ 2. 한복 [韓服] (韓国の民族衣装)　입다 着る

　　경복궁 [景福宮] (昔の王宮)　사진 [写真]　찍다 撮る

　3. 음식 食べ物,料理　갈비 カルビ　맛있다 おいしい

　　가게 店　알다 知る

　4. 글쎄요 さあ　친구 友達　물어보다 尋ねる,尋ねてみる

8-1 ㄷ(디귿)変則用言(ㄷ変)

ㄷ変則用言は，ある条件のとき終声のㄷがㄹに変わる点が特徴。ㄹ語幹の用言とよく似た形になるので気をつける。

1 ㄷ変則用言とは ⇒ 語幹最後の終声がㄷである動詞の一部

깨닫다(気づく), 걷다(歩く), 듣다(聞く), 묻다(尋ねる), 싣다(載せる)など

└── 語幹(닫)最後の終声がㄷ

⚠ 注意！

語幹最後の終声がㄷでも変則用言でないものがある。

닫다(閉める), 묻다(埋める), 믿다(信じる), 받다(受け取る), 얻다(得る)など

2 ㄷ変則用言の特徴 ⇒ 連用形(語幹+아/어)，으で始まる語尾が続くときに終声ㄷがㄹに変化。

語幹最後の終声ㄷ + 아/어, 으~ → 終声 ㄹ + 아/어, 으~

듣다   듣 + 어 ➡ 들어(連用形)   듣 + 은 ➡ 들은 聞いた~
聞く   ㄷ + 어 → ㄹ + 어   ㄷ + 으 → ㄹ + 으

그 이야기는 친구한테 들었어요.   その話は友達に聞きました。
이 노래는 들은 적이 있어요.   この歌は聞いたことがあります。

⚠ 注意！

1) ㄹ語幹の用言と形が似ているので，注意する。
   ・들었어요 → 聞きました (듣다) / 持ちました (들다)
   ・걸을 때 → 歩くとき(걷다), 걸 때 → 掛けるとき(걸다)

2) 子音で始まる語尾が続くときは，変化なし。
   듣다   듣 + 지만 → 듣지만   듣 + 습니다 → 듣습니다
   聞く   聞くけれども   聞きます

🎵 ㄷ変則用言（ㄷ変）

	連用形(語幹+아/어) ~て	連用形+요 ~ます, ~です	語幹+ㄴ/은 ~した~	語幹+면/으면 ~れば~
듣다(聞く) 〈ㄷ変〉	들어	들어요	들은	들으면
들다(持つ) 〈ㄹ語幹〉	들어	들어요	든	들면
얻다(得る) 〈正則〉	얻어	얻어요	얻은	얻으면

── 形が同じになる

47

練習1 例のように，次の用言を連用形，連用形＋요，語幹＋은，語幹＋으면の形にして，言ってみましょう。

> 例：듣다 ➡ 들어，들어요，들은，들으면

① 걷다〈ㄷ変〉歩く ➡ ＿＿＿＿＿＿＿，＿＿＿＿＿＿＿，＿＿＿＿＿＿＿，＿＿＿＿＿＿＿

② 싣다〈ㄷ変〉載せる ➡ ＿＿＿＿＿＿＿，＿＿＿＿＿＿＿，＿＿＿＿＿＿＿，＿＿＿＿＿＿＿

③ 닫다 閉める ➡ ＿＿＿＿＿＿＿，＿＿＿＿＿＿＿，＿＿＿＿＿＿＿，＿＿＿＿＿＿＿

練習2 例のように，（　）の中の用言を適当な形に変えて語尾と結びつけ，文を完成させましょう。

> 例：(듣다)은 적이 있어요. ➡ 들은 적이 있어요.

① (걷다)으면 삼십 분 걸려요. ➡ 歩くと30分かかります。

＿＿＿＿＿＿＿＿＿＿＿＿＿＿＿＿＿＿＿＿

② 차에 (싣다)은 짐을 내려 주세요. ➡ 車に載せた荷物を下ろしてください。

＿＿＿＿＿＿＿＿＿＿＿＿＿＿＿＿＿＿＿＿

練習3 例のように，（　）の中の用言を連用形に変えて文を完成させましょう。

> 例：친구한테 (듣다)ㅆ어요. ➡ 친구한테 들었어요.

① 역까지 (걷다)서 십 분 걸려요. ➡ [駅]まで歩いて10分かかります。

＿＿＿＿＿＿＿＿＿＿＿＿＿＿＿＿＿＿＿＿

② 문을 (닫다) 주세요. ➡ ドアを閉めてください。

＿＿＿＿＿＿＿＿＿＿＿＿＿＿＿＿＿＿＿＿

③ 상자를 트럭에 (싣다)ㅆ어요. ➡ 箱をトラックに載せました。

＿＿＿＿＿＿＿＿＿＿＿＿＿＿＿＿＿＿＿＿

8-2 用言語幹＋고 〜て，〜し 〔状態・動作の羅列〕

덥다 ➡ 덥 ＋ 고　　여름은 덥고 겨울은 춥습니다.
暑い　　　語幹　　　夏は暑く冬は寒いです。〔状態・性質の羅列〕

하다 ➡ 하 ＋ 고　　세수를 하고 밥을 먹어요.
する　　　語幹　　　顔を洗って，ご飯を食べます。〔動作・変化の羅列〕

・「〜に行って(来て)(から)〜する」と言うときには，通常，語幹＋고の表現ではなく，連用形＋서の表現を使う。

백화점에 가서 가방을 샀어요.　デパートに行ってカバンを買いました。

練習4 例のようにa，bの語句を**고**で結びつけて言ってみましょう。

例：**a. 세수를 하다　b. 밥을 먹다 ➡ 세수를 하고 밥을 먹어요.**

① **a. 샤워를 하다**　　**b. 텔레비전을 보았다** ➡ シャワーをしてテレビを見ました。

_____

② **a. 봄은 따뜻하다**　**b. 가을은 시원하다** ➡ 春は暖かく秋は涼しいです。

_____

③ **a. 밥을 먹다**　　　**b. 이를 닦다** ➡ ご飯を食べて歯を磨きます。

_____

8-3 **用言語幹＋ㄹ까요/을까요** 　～ますか(ですか)，～ましょうか，～ませんか
〔相手の意向・意見を尋ねる，相手を誘う〕〈話し言葉〉

主として話し言葉で使われるが，かなり目上の人には使わない。

	母音語幹	ㄹ語幹	子音語幹
～ますか (ですか)	**語幹 ＋ ㄹ까요**	**語幹 ＋ ㄹ까요** (終声ㄹなし)	**語幹 ＋ 을까요**

49

가다 가 ＋ ㄹ까요 ➡ **갈까요** **어디 갈까요?**
行く　母音語幹　　　　　　　　　　　　　どこに行きましょうか。

열다 열 ⇒ 여 ＋ ㄹ까요 ➡ **열까요** **문을 열까요?**
開ける　ㄹ語幹→ㄹなし　　　　　　　　　ドアを開けましょうか。

좋다 좋 ＋ 을까요 ➡ **좋을까요** **어떤 선물이 좋을까요?**
よい　子音語幹　　　　　　　　　　　　　どんなおみやげがいいでしょうか。

練習5 次の語句に**ㄹ까요/을까요**を加えて文を完成させましょう。

① **잠깐 쉬다** ➡ 少し休みましょうか。 _____

② **문을 닫다** ➡ ドアを閉めましょうか。_____

③ **오늘은 볶음밥을 만들다** ➡ 今日は炒飯 (ポックムパ)を作りましょうか。

_____

練習問題

表現練習

1 a，bに①〜③の語句を適当な形に変えて入れ，会話を完成させましょう。

A：(a) ㄹ까요/을까요?　　　B：(b) 고 싶어요.

① a. 뭘 입다 何を着る
　 b. 예쁜 한복을 입다 きれいな[韓服]を着る
② a. 뭘 마시다 何を飲む
　 b. 주스를 마시다 ジュースを飲む
③ a. 무슨 노래를 듣다＊ どんな歌を聴く　　＊ 듣다는 ㄷ 変則。
　 b. 한국 노래를 듣다＊ [韓国]の歌を聴く　　＊ 한국 노래는〔한궁 노래〕と発音。

2 a，b，cに①〜③の語句を適当な形に変えて入れ，会話を完成させましょう。a，cには連用形
（過去の場合は連用形＋ㅆ어の形）を入れましょう。

A：(a) 요?　　　B：네，(b) 고 (c) 요.

① a. 이 가게는 맛있다 この店はおいしい
　 b. 맛있다 おいしい　　　　　　　　 c. 가격도 싸다 値段も安い
② a. 친구를 만났다 友達に会った
　 b. 같이 영화 보다 一緒に[映画]を見る　 c. 저녁을 먹었다 晩ご飯を食べた
③ a. 운동 좋아하다 [運動]が好きだ
　 b. 수영도 하다 [水泳]もする　　　　　 c. 테니스도 자주 치다 テニスもよくする

景福宮(경복궁)

パッピンス(팥빙수)

ちょっと一言

ソウルに行ったら

　皆さん，ソウルに行ったら何をしたいですか。観光なら**경복궁**（景福宮），**비원**（秘苑），**인사동**（仁寺洞），**서울타워**（ソウルタワー）などが定番でしょうか。買い物なら昔は**명동**（明洞），**동대문**（東大門）でしたが，最近は**신촌**（新村）や**홍대앞**（弘大前）周辺に行く人も多いようです。食事なら，**갈비**（カルビ），**불고기**（プルコギ），**삼겹살**（サムギョプサル），甘い物なら**팥빙수**（パッピンス）もよいですね。一度ソウルに行って，自分で面白い場所や食べ物を発見し，色彩豊かな街並みや料理を楽しんでみましょう。

■ イラストと下の語句を見ながら，a，bに適当な表現を入れて会話をしてみましょう。

A : (a)ㄹ까요/을까요?　　B : (b).

⒆　　A : 커피 마실까요?　B : 두 시부터 약속이 있어요.

aの語句

어디 가다	どこに行く	도서관에 가다	[図書館]に行く
뭘 먹다	何を食べる	같이 영화를 보다	一緒に[映画]を見る
커피 마시다	コーヒー飲む	차 한 잔 마시다	お茶を1杯飲む

bの文

다음 시간도 수업이 있어요. 次の[時間]も[授業]があります。

유명한 갈비집에 가고 싶어요. [有名]なカルビ店に行きたいです。

이 근처에 좋은 집이 있어요? この近所によい店がありますか。

여기는 팥빙수가 유명해요. ここはパッピンス(氷あずき)が[有名]です。

두 시부터 약속이 있어요. 2時から[約束]があります。

전 아르바이트가 있어요. 私はアルバイトがあります。

요즘 재미있는 영화 있어요? 最近面白い[映画]がありますか。

한국 전통차를 마셔 보고 싶어요. [韓国]の[伝統茶]を飲んでみたいです。

50

1. 아 야: 한글 글자 중에 서로 다른 글자인데 소리가 같아진 모음이 있다고 배웠어요.

2. 할머니: 그렇단다. 서울 올림픽이 있고 나서 세상이 참 많이 달라졌지.

3. 아 야: 전 그 때 아직 태어나지도 않았네요.

4. 할머니: 네가 태어나기 한참 전이지.

5. 아 야: 제가 2004년에 태어났으니까 훨씬 전이네요.

6. 할머니: 여기 이 그림 좀 보렴.

7. 아 야: 와~ 남자 아이가 산 위를 날아다니고 자기 분신도 만드네요.

8. 할머니: 참 신기하지?

9. 아 야: 네. 무슨 시대극 같아요.

10. 할머니: 허균이란 사람이 쓴 소설이란다.

1. あ や：ハングルの中に形は違うけど音が同じになった母音字があると習いました。
2. ハルモニ：そうだよ。ソウルオリンピックの前後で世の中は大きく変化したね。
3. あ や：私はその時まだ生まれていません。
4. ハルモニ：あやが生まれるずっと前だね。
5. あ や：私，2004年生まれなので，ずっと前ですね。
6. ハルモニ：ここ，この絵を見てごらん。
7. あ や：わあ，男の子が山の上を飛んで，分身もしています。
8. ハルモニ：不思議だね。
9. あ や：本当。時代劇みたいです。
10. ハルモニ：ホ・ギュンという人が書いた小説なんだよ。

　ハングルの中には字は違うけれども同じ発音をするものがあります。たとえば，韓国の若い世代ではㅐとㅔ，ㅒとㅖ，ㅚとㅞとㅙが同じ音になっています。

　ソウルオリンピックは1988年9月にソウルで開かれました。韓国ではパルパル（88팔팔）オリンピックと呼ばれました。大会マスコットはホドリ・ホスニという虎の男の子と女の子です。テコンドー（태권도）が初開催され，シドニーオリンピックで正式競技となりました。東ドイツ・ソ連が参加した最後のオリンピック夏季大会でした。ソウル地下鉄の駅の番号も外国人観光客へ便宜を図ってその当時つけられたものです。

　1997年から2001年まではIMF時代と言われ，アジア通貨危機による韓国経済危機の時代でしたが，それを乗り越え，2002年には日韓共催のサッカーワールドカップが開かれました。

　時代劇は史劇（사극）と言い，面白いドラマがたくさん制作されています。韓流ブームのきっかけにもなりました。「チュモン（朱蒙）（주몽）」，「チャングムの誓い（대장금）」などは日本でも人気があり，ドラマ化された「ホンギルドン（홍길동）」もあります。

4課で日本語の「〜ている」にあたる表現として，고 있다を練習しました。けれども，日本語の「〜ている」に対応する表現はほかにもいろいろあるので，「〜ている」を機械的に고있다と訳してはいけません。「〜ている」に対応する表現と使い方を示しておきますから，覚えておくとよいでしょう。

1 고 있다

4課で学習したように，고 있다は動詞の語幹について，主として動作の進行を表します。ただし，4課p.25の注意で述べたように，日本語の「〜ている」と使い方が少し違う場合があります。고 있다は主に，日本語で「今まさに〜ているところだ」と言えるような場合に使われます。

(電話で) **"점심 먹었어요?" "지금 먹고 있어요."**
「昼ごはん食べましたか。」　　「今食べているところです。」

日本語で「〜ている」を使う場合でも，「今まさに」という意味が強くなければ，**3**の連用形＋요の形をよく使います。

2 連用形＋있다 ➡ 付録（1）覚えておいた方がよい表現」p.76

自動詞の連用形に있다を付けると，行った動作の結果を表します。

사토 씨는 저기 의자에 앉아 있어요. 佐藤さんはあそこの椅子に座っています。

自動詞の場合は，動作の進行を表す고 있다とこの連用形＋있다の使い分けに注意しましょう。同じ動詞でも，意味によって使う形が違う場合もあります。

지금 교토에 가고 있어요. 今京都に行く途中です（行きつつあります）。
이미 교토에 가 있어요. もう京都に行っています（着いています）。
살고 있어요. 住んでいます。　　**살아 있어요.** 生きています。

3 連用形＋요

1で述べたように，日本語では「ている」を使う場合でも，「今まさに」という意味が強くなければ，連用形＋요の表現がよく使われます。何でも고 있다にしないで，連用形＋요を使えるようになってください。

어디 사세요? 도쿄에 살아요. どこにお住まいですか。東京に住んでいます。
민호 씨를 사랑해요. ミンホさんを愛しています。

4 形容詞

日本語で動詞を使う表現が韓国朝鮮語では形容詞を使う場合があり，その場合も「ている」を고 있다と訳してはいけません。

배가 고파요(×고프고 있어요). お腹が減っています。

고프다は形容詞です。ほかに，피곤하다(疲れている)，다르다(違っている)など。

このほか，特定の動詞では，過去の形が「〜ている」の意味になることがあります。

결혼했어요? 結婚していますか。　　**아버지를 닮았어요.** 父に似ています。

第9課 エアコンを付けてもいいですか。 <許可を求める>

第9과 에어컨을 켜도 돼요? －ㅂ変則－

 51

この課の表現

①

1. 한국어 공부 좀 도와 주세요.

韓国朝鮮語の勉強，ちょっと助けてください。

2. 한국어는 발음이 어렵지요?

韓国朝鮮語は発音が難しいでしょ。

3. 네, 발음도 어렵지만 단어도 정말 어려워요.

ええ，発音も難しいですが，単語も本当に難しいです。

4. 그럼 먼저 사전을 사러 갈까요? 오늘부터 같이 공부해요.

それじゃあ，まず辞典を買いに行きませんか。今日から一緒に勉強しましょう。

②

1. 에어컨을 켜도 돼요?

エアコンつけてもいいですか。

2. 그럼요. 일본 여름은 아주 덥지요?

もちろんです。日本の夏はとても暑いでしょ。

3. 네, 너무 더워서 다음주에 홋카이도에 놀러 가요.

ええ，とても暑くて来週北海道に遊びに行きます。

4. 아침, 저녁은 좀 추울 거예요. 조심해서 다녀오세요.

朝夕は少し寒いと思います。気をつけて行ってきてください。

52

注意する発音

❶ 4. 같이 ➡〔가치〕

❷ 2. 그럼요 ➡〔그럼뇨〕

3. 다음주 ➡〔다음쭈〕

4. 추울 거예요 ➡〔추울 꺼에요〕

조심해서 ➡〔조시매서〕

単語

❶ 1. 공부 勉強 돕다 手伝う,助ける

2. 발음 [発音] 어렵다 難しい

3. 단어 [単語] 정말 本当に

4. 먼저 まず 사전 [辞典],辞書 사다 買う 러 가다 〜しに行く (p.62覚えておこう参照) 오늘 今日 공부하다 勉強する

❷ 1. 에어컨 エアコン 켜다 (スイッチを) つける

2. 그럼요 もちろんです 일본 [日本] 여름 夏 덥다 暑い

3. 다음주 来週 홋카이도 北海道 놀다 遊ぶ

4. 아침 朝 저녁 夕方 춥다 寒い 조심하다 気をつける, 注意する 다녀오다 行ってくる

表　現

9-1　ㅂ(비읍)変則用言(ㅂ変)

1 ㅂ変則用言とは　⇒　語幹最後の終声がㅂである用言の多く(形容詞はほとんど)

가깝다(近い)，굽다(焼く)，덥다(暑い)，돕다(手伝う)，어렵다(難しい)，춥다(寒い)など

　　　↖── 語幹(**가깝**)最後の終声がㅂ

> ⚠ 注意！
>
> 語幹最後の終声がㅂでも変則用言ではないものがある。★
> 굽다(曲がる)，뽑다(抜く)，씹다(噛む)，입다(着る)，잡다(捕まえる)，집다(つまむ)，좁다(狭い)など
> 　　　★語幹がㅂで終わる用言はほとんどが変則用言 (特に形容詞は) なので，変則でない語を覚えた方がよい。

2 ㅂ変則用言の特徴　⇒　으で始まる語尾，連用形(語幹＋아/어)で形が変化。

(1)으で始まる語尾が続くとき，終声ㅂと語尾の으が우に変わる。

> 語幹最後の終声ㅂ ＋ 語尾으～ → **우**～

어렵다　　어렵 ＋ 은 ➡ 어려운(難しい～)　　어려운 문제는 못 풀어요.

難しい　　　　　ㅂ ＋ 으 → 　　우　　　　　難しい[問題]は解けません。

53

(2)連用形では，終声ㅂと語尾の아/어が워に変わる。

> 語幹最後の終声ㅂ ＋ 語尾**아/어**～ → **워**(와)～

어렵 ＋ 어 ➡ 어려워(連用形)　　이 문제는 참 어려웠어요.

　　ㅂ ＋ 어 → 　워　　　　　この[問題]はとても難しかったです。　♪

> ⚠ 注意！
>
> 1)母音の種類 (陽母音・陰母音) に関係なく，連用形はすべて～워になる。
> 　　　가깝다(近い)　가깝 ＋ 아 → 가까워
> 　ただし，곱다(美しい)，돕다(手伝う，助ける)の連用形は，～와(고와，도와)となる。
> 　　　돕 ＋ 아 → 도와　　도와 주세요. 手伝ってください。cf.돕 ＋ 으면 → 도우면
> 2)子音で始まる語尾が続くときは，変化なし。
> 　　　어렵다　어렵 ＋ 지만 → 어렵지만　　어렵 ＋ 습니다 → 어렵습니다
> 　　　　　　　　　　　　　難しいけれども　　　　　　　　　難しいです

♪ ㅂ変則用言 （ㅂ変）

	連用形(語幹+아/어) ～て	連用形+요 ～ます, ～です	語幹+은 ～した～, ～な～	語幹+으면 ～れば
가깝다(近い) 〈ㅂ変〉	가까워	가까워요	가까운	가까우면
어렵다(難しい) 〈ㅂ変〉	어려워	어려워요	어려운	어려우면
입다(着る) 〈正則〉	입어	입어요	입은	입으면

練習1 例のように，次の用言を連用形，連用形＋**요**，語幹＋**은**，語幹＋**으면**の形にして，言ってみましょう。

> 例：**어렵다** ➡ 어려워, 어려워요, 어려운, 어려우면

① **아름답다**〈ㅂ変〉美しい ➡＿＿＿＿＿, ＿＿＿＿＿, ＿＿＿＿＿, ＿＿＿＿＿

② **굽다**〈ㅂ変〉焼く ➡＿＿＿＿＿, ＿＿＿＿＿, ＿＿＿＿＿, ＿＿＿＿＿

③ **잡다** 捕まえる ➡＿＿＿＿＿, ＿＿＿＿＿, ＿＿＿＿＿, ＿＿＿＿＿

練習2 例のように，（ ）の中の用言を適当な形に変えて語尾と結びつけ，文を完成させましょう。

> 例：(어렵다)은 문제는 못 풀어요. ➡ 어려운 문제는 못 풀어요.

① (맵다)으면 물을 드세요. ➡ 辛ければ水をお飲みください。

＿＿＿＿＿＿＿＿＿＿＿＿＿

② (쉽다)은 문제를 틀렸어요. ➡ 易しい[問題]を間違えました。

＿＿＿＿＿＿＿＿＿＿＿＿＿

練習3 例のように，（ ）の中の用言を連用形に変えて文を完成させましょう。

> 例：이 문제는 참 (어렵다)ㅆ어요. ➡ 이 문제는 참 어려웠어요.

① 오늘은 아주 (덥다)요. ➡ 今日はとても暑いです。

＿＿＿＿＿＿＿＿＿＿＿＿＿

② (맵다)서 물을 많이 마셨어요. ➡ 辛くて水をたくさん飲みました。

＿＿＿＿＿＿＿＿＿＿＿＿＿

③ 힘들 때 이 친구가 (돕다) 줬어요. ➡ 苦しい時この友達が助けてくれました。

＿＿＿＿＿＿＿＿＿＿＿＿＿

9-2　用言語幹＋지요(죠)　～です(よ)ね，～ます(よ)ね，～でしょ〔同意を求める〕

自分の言ったことについて，相手に同意を求める表現。죠は지요の縮約形。

54

오다 ➡ 오 ＋ 지요(죠)
来る

내일 학교에 오지요 (오죠)?
明日[学校]に来ますよね。

춥다 ➡ 춥 ＋ 지요(죠)
寒い

서울은 춥지요 (춥죠)?
ソウルは寒いでしょ。

한국어는 발음이 어렵지요?　韓国朝鮮語は[発音]が難しいでしょ。

・このほかに，尊敬시/으시とともに使われて婉曲な指示・誘い（～てください）を表したり，
疑問詞とともに使われて柔らかな疑問（～ますか，ですか）を表すこともある。

여기 앉으시지요. ここにお座り(おかけ)ください。　　이게 얼마죠? これいくらですか。

練習4 次の語句に지요(죠)を加えて文を完成させましょう。

① 여기까지 멀었다 ➡ ここまで遠かったでしょ。＿＿＿＿＿＿＿＿＿＿＿＿＿＿＿＿＿

② 요즘 바쁘시다 ➡ 最近お忙しいでしょ。＿＿＿＿＿＿＿＿＿＿＿＿＿＿＿＿＿＿＿＿

③ 영화는 3시에 시작하다 ➡ [映画]は3時に始まりますよね。

＿＿＿＿＿＿＿＿＿＿＿＿＿＿＿＿＿＿＿＿＿＿＿＿＿＿＿＿＿＿＿＿＿＿＿＿＿＿

9-3　動詞・存在詞連用形＋도 되다(＝語幹＋아도/어도/여도 되다)
～てもよい〔許可〕

55

받다 ➡ 받아 ＋ 도 되다
受ける　　連用形

여기서 전화를 받아도 돼요?
ここで[電話]に出ても(を受けても)いいですか。

열다 ➡ 열어 ＋ 도 되다
開ける　　連用形

창문을 조금 열어도 됩니까?
窓を少し開けてもいいですか。

練習5 例のように，(　)の用言を連用形にし，文を完成させましょう。

例：창문을 조금 (열다)도 됩니까? ➡ 창문을 조금 열어도 됩니까?

① 옆자리에 (앉다)도 돼요? ➡ 隣の席に座ってもいいですか。

＿＿＿＿＿＿＿＿＿＿＿＿＿＿＿＿＿＿＿＿＿＿＿＿＿＿＿＿＿＿＿＿＿＿＿＿＿＿

② 시험 때 사전을 (쓰다)도* 돼요? ➡ [試験]の時に[辞典]を使ってもいいですか。
　　* 쓰다는으変則。＿＿＿＿＿＿＿＿＿＿＿＿＿＿＿＿＿＿＿＿＿＿＿＿＿＿＿＿

③ 음식은 더 (드시다)도 됩니다. ➡ 料理はもっと召し上がってもかまいません。

＿＿＿＿＿＿＿＿＿＿＿＿＿＿＿＿＿＿＿＿＿＿＿＿＿＿＿＿＿＿＿＿＿＿＿＿＿＿

表現練習

1 a, b, cに①〜③の語句を適当な形に変えて入れ，会話を完成させましょう。
b の用言は連用形（過去の場合は連用形+ㅆ어の形）にしましょう。

A：（　a　）죠?　　　　　　B：（　b　）요.

① a. 서울은 춥다 ソウルは寒い
   b. 네, 지금 아주 춥다* ええ, 今はとても寒い　*춥다는 ㅂ変則。

② a. 떡볶이는 맵다 トッポギは辛い
   b. 네, 정말 맵다* ええ, 本当に辛い　*맵다는 ㅂ変則。

③ a. 집이 서울이다 家はソウルだ
   b. 아뇨, 지금은 이사했다 いいえ, 今は引っ越しした

2 a, b に①〜③の語句を適当な形に変えて入れ，会話を完成させましょう。

A：（　a　）도 돼요?　　　　B：（　b　）요.

① a. 신발을 신고 들어가다 靴を履いて入る
   b. 아니요, 안되다 いいえ, だめだ

② a. 기숙사에 친구를 부르다* 寮に友達を呼ぶ　*부르다는 르変則。
   b. 아니요, 안되다 いいえ, だめだ

③ a. 공부할 때 음악을 듣다* 勉強するとき[音楽]を聞く　*듣다는 ㄷ変則。
   b. 네, 괜찮다 ええ, 大丈夫だ

覚えておこう

・動詞語幹 + 러/으러 가다(오다) 〜しに行く(来る)

母音語幹・ㄹ語幹の動詞には러,子音語幹には으러が付く。

공부하다　➡ 공부하러 오다　한국어를 공부하러 왔어요.
勉強する　　勉強しに来る　　韓国朝鮮語を勉強しに来ました。

놀다　　　➡ 놀러 오다　　또 놀러 오세요.
遊ぶ　　　　遊びに来る　　また遊びに来てください。

먹다　　　➡ 먹으러 가다　저녁을 먹으러 갈까요?
食べる　　　食べに行く　　晩ご飯を食べに行きましょうか。

ちょっと一言

온돌（オンドル）

온돌（オンドル 温突）は厳寒の冬対策の伝統的な暖房方法です。床下に温かい空気（現在は温水）を巡らして部屋全体を温める床暖房です。オンドルが入っている部屋を**온돌방**（オンドルバン）と言います。足下から温まり部屋全体が温かく快適です。

56

■ イラストと下の語句を見ながら，a，b，cに適当な語句を入れて会話を作ってみましょう。

A : (a)도 돼요?　　B : (b). (c).

(例)　A: (여기서 담배를 피워)도 돼요?
　　　B: (아뇨, 안돼요). (여기는 금연이에요).

---

aの語句

①여기서 담배를 피우다　ここでたばこを吸う　　④불을 켜다　　　明かりを点ける
②방 안에 들어가다　　　部屋の中に入る　　　⑤술을 마시다　　お酒を飲む
③라디오 소리를 줄이다　ラジオの音を小さくする　⑥창문을 열다　　窓を開ける

---

bの語句

①아뇨, 안돼요.　　　いいえ，ダメです。　　②네, 괜찮아요.　はい，大丈夫です。(かまいません)

---

cの語句

①여기는 금연이에요.　　　ここは[禁煙]です。　　⑤더웠어요?　　暑かったですか。
②방이 어두웠어요?　　　　部屋が暗かったですか。　⑥시끄러웠어요? うるさかったですか。
③여기 앉으세요.　　　　　ここにお座りください。
④스무 살부터 마실 수 있어요.
　　　　　20歳から飲むことができます。

第10課 あまり無理しないでください。 ＜相手に注意する＞

제10과 너무 무리하지 마세요. －ㅅ変則－

この課の表現

①

1. 다리는 괜찮아요?
   足は大丈夫ですか。

2. 네, 이제 다 나았어요.
   ええ，もうすっかり治りました。

3. 이제 비 오는 날에는 자전거 타지 마세요.
   もう雨の降る日には自転車に乗らないでくださいね。

4. 알겠어요. 앞으로 조심할게요.
   わかりました。これから気をつけます。

②

1. 벌써 봄이 되었네요. 요즘 바빠요?
   もう春になりましたね。最近忙しいですか。

2. 네, 집을 새로 지어서 이사를 해요. 한번 놀러 오세요.
   ええ，家を新しく建てて引っ越しをします。一度遊びに来てください。

3. 꼭 갈게요. 바쁘겠지만 너무 무리하지 마세요.
   必ず行きます。忙しいでしょうが，あまり無理しないでください。

4. 네, 고마워요. 자주 연락할게요.
   はい，ありがとうございます。また(しばしば)連絡します。

注意する発音

❶ 1. 괜찮아요 ➡ 〔괜차나요〕
   4. 조심할게요 ➡ 〔조시말께요〕

❷ 1. 되었네요 ➡ 〔되언네요〕
   3. 갈게요 ➡ 〔갈께요〕
   4. 연락할게요 ➡ 〔열라칼께요〕

単 語

❶ 1. 다리 足,脚 괜찮다 大丈夫だ 2. 이제 もう,今や 다 すっかり,すべて 낫다 治る 3. 비 雨 오다 降る;来る 날 日 자전거 [自転車] 타다 乗る 4. 알다 わかる,知る 앞으로 これから,今後 조심하다 気をつける

❷ 1. 벌써 すでに,もう 봄 春 가/이 되다 ～になる (p.68 覚えておこう参照) 네요 ～ですね 요즘 最近 바쁘다 忙しい 2. 집 家 새로 新しく 짓다 作る,建てる 이사 引っ越し 하다 する 놀다 遊ぶ 러 가다 ～しに行く(p.62覚えておこう参照) 3. 꼭 必ず 너무 あまり,とても 무리하다 [無理]する 4. 고맙다 有り難い 자주 しばしば,よく 연락하다 [連絡]する

10-1　ㅅ変則用言(ㅅ変)

1　ㅅ変則用言とは ⇒ 語幹最後の終声がㅅである用言の一部

낫다 (すぐれている，治る)，**붓다** (腫れる，注ぐ)，**잇다** (つなぐ)，**짓다** (作る，建てる) など

⚠ 注 意 !

語幹末の終声がㅅでも規則的な活用をするものがある。
벗다 (脱ぐ)，**씻다** (洗う)，**웃다** (笑う) など

2　ㅅ変則用言の特徴 ⇒ 으で始まる語尾，連用形(語幹+아/어)で終声ㅅが脱落する。

> 語幹最後の終声ㅅ+語尾으〜, 아/어 → 終声ナシ+語尾으〜, 아/어

짓다　　**짓 + 으면 ➡ 지으면** 作ると　　　**짓 + 어 ➡ 지어** (連用形)
作る　　　　ㅅ　+　으　→ ナシ+으　　　　　　　ㅅ　+　어　→ ナシ+어

59 🎧

아기 이름을 지으면 가르쳐 주세요.　子供の名前を付けたら教えてください。
새로 집을 지었어요.　　　　　　　　新しく家を建てました。

⚠ 注 意 !

나다(出る)，지다(負ける)など母音語幹の用言と形が似ているので注意する。

┌ **낫다** 治る → **나았어요** 治りました　　　┌ **짓다** 作る → **지었어요** 作りました
└ **나다** 出る → **났어요** 出ました　　　　　└ **지다** 負ける → **졌어요** 負けました

◎ ㅅ変則(ㅅ変)の用言

	連用形(語幹+아/어) 〜て	連用形+요 〜ます，〜です	語幹+ㄴ/은 〜した〜	語幹+면/으면 〜れば
짓다 (作る)〈ㅅ変〉	지어	지어요	지은	지으면
씻다 (洗う)〈正則〉	씻어	씻어요	씻은	씻으면
지다 (負ける)	져	져요	진	지면

練習1　例のように，次の用言を連用形，連用形+요，語幹+은，語幹+으면の形にして，言ってみましょう。

> 例：**짓다 ➡ 지어, 지어요, 지은, 지으면**

① **낫다** <ㅅ変>治る　　　➡ ＿＿＿＿＿ , ＿＿＿＿＿ , ＿＿＿＿＿ , ＿＿＿＿＿

② **붓다** <ㅅ変>腫れる，注ぐ　➡ ＿＿＿＿＿ , ＿＿＿＿＿ , ＿＿＿＿＿ , ＿＿＿＿＿

③ **웃다** 笑う　　　　　➡ ＿＿＿＿＿ , ＿＿＿＿＿ , ＿＿＿＿＿ , ＿＿＿＿＿

練習2 例のように，（　）の用言を適当な形に変えて語尾と結びつけ，文を完成させましょう。

> 例：새로 (짓다)은 집　➡　새로 지은 집

① 감기가 (낫다)은 후에　　　　　➡　風邪が治った後に

　　＿＿＿＿＿＿＿＿＿＿＿＿＿＿＿＿＿＿＿＿＿＿＿＿

② 점과 점을 (잇다)으면 선이 돼요.　➡　[点]と[点]を結ぶと[線]になります。

　　＿＿＿＿＿＿＿＿＿＿＿＿＿＿＿＿＿＿＿＿＿＿＿＿

練習3 例のように，（　）の中の用言を連用形に変えて文を完成させましょう。

> 例：이제 다 (낫다)쓰어요.　➡　이제 다 나았어요.

① 건설회사가 역 앞에 아파트를 많이 (지다)쓰어요.

　　➡　[建設会社]が[駅]前にマンションをたくさん建てました。

　　＿＿＿＿＿＿＿＿＿＿＿＿＿＿＿＿＿＿＿＿＿＿＿＿

② 주말과 휴가를 (잇다)서 일주일 동안 여행 가요.

　　➡　[週末]と[休暇]をつなげて[1 週間][旅行]に行きます。

　　＿＿＿＿＿＿＿＿＿＿＿＿＿＿＿＿＿＿＿＿＿＿＿＿

③ 팔이 (낫다)서 이제 다시 운동을 해요.

　　➡　腕が治ってこれからまた[運動]をします。

　　＿＿＿＿＿＿＿＿＿＿＿＿＿＿＿＿＿＿＿＿＿＿＿＿

10-2　動詞語幹＋지 마세요, 지 마십시오　～ないでください〔禁止〕

　해요体は마세요，합니다体は마십시오の形になる。基本形は말다だが，よく使われるのはこの形なので，지 마세요(마십시오)の形で覚えよう。

60

떠들다　➡　떠들 ＋ 지 마세요　　　여기서는 떠들지 마세요.
騒ぐ　　　　　　　　　　　　　　　ここでは騒がないでください。

들어가다　➡　들어가 ＋ 지 마십시오　안에 들어가지 마십시오.
入る　　　　　　　　　　　　　　　中に入らないでください。

練習4 例のように，次の語句に（　　）の中の表現をつけて言ってみましょう。

> 例：안에 들어가다 （지 마십시오）　➡　안에 들어가지 마십시오.

① 불을 끄다 （지 마세요）　➡　明かりを消さないでください。

_____

② 약속 시간에 늦다 （지 마세요）➡　[約束]の[時間]に遅れないでください。

_____

③ 담배를 피우다 （지 마십시오）➡　たばこを吸わないでください。

_____

10-3 **動詞語幹 + ㄹ게요/을게요**　　～します（からね）〔約束, 意向〕〈話し言葉〉

　相手に約束したり，自分のすることを知らせるときに使われる。話し言葉で使われ，かなり目上の人に対しては使わない。

	母音語幹	ㄹ語幹	子音語幹
～します	**語幹 + ㄹ게요**★	**語幹 + ㄹ게요**★ (終声ㄹなし)	**語幹 + 을게요**★

★ 表記と異なり，発音は〔ㄹ께요/을께요〕となる。

61

가다　　가 + ㄹ게요　　➡　갈게요　　내일은 꼭 갈게요.
行く　　母音語幹　　　　　　　　　　明日は必ず行きます。

만들다　만들 ⇒ 만드 + ㄹ게요 ➡ 만들게요　제가 된장국을 만들게요.
作る　　ㄹ語幹 → ㄹなし　　　　　　私が味噌汁を作りますからね。

받다　　받 + 을게요　　➡　받을게요　제가 전화를 받을게요.
受ける　子音語幹　　　　　　　　　　私が[電話]を受けます(に出ます)。

練習5 例のように，次の語句にㄹ게요/을게요を加えて文を完成させましょう。

> 例：내일은 꼭 가다　➡　내일은 꼭 갈게요.

① 이 과자 제가 먹다　　➡　このお[菓子]私が食べます。

_____

② 코트는 제가 걸다　　➡　コートは私が掛けます。

_____

③ 리포트는 내일까지 꼭 내다 ➡　レポートは明日までに必ず出します。

_____

1 a，bに①～③の語句を適当な形に変えて入れ，会話を完成させましょう。
bには用言の連用形を入れましょう。

A：(a)지 마세요.　　　　B：(b)요.

① a. 울다 泣く　　　　　　　　b. 드라마가 너무 슬프다* ドラマがとても悲しい

② a. 여기에 짐을 놓다 ここに荷物を置く b. 가방이 너무 무겁다* カバンがとても重い

　　　　　　　　　　　　　　　　* 슬프다는 으変則，무겁다는 ㅂ変則。

③ a. 너무 걱정하다 とても心配する
　 b. 시험 준비를 많이 못 해서 걱정되다 [試験準備]がたくさんできず心配になる

2 ①～③の語句をaはそのまま，bは適当な形に変えて入れ，会話を完成させましょう。

A：(a).　　　　B：(b)ㄹ게요/을게요.

① a. 방이 너무 지저분해요 部屋がとても散らかっています
　 b. 얼른 청소하다 すぐに掃除する

② a. 또 늦었지요 また遅れましたね
　 b. 다음에는 늦지 않다 次は遅れない

③ a. 교실이 좀 덥네요 [教室]がちょっと暑いですね
　 b. 창문을 열다 窓を開ける

💡 **覚えておこう**

・**名詞 + 가/이 되다** ～になる　　* 日本語と助詞が違うので注意。

의사	➡	의사가 되다	그 사람은 의사가 됐어요.
医者		医者になる	彼は医者になりました。

봄	➡	봄이 되다	봄이 되면 꽃이 핍니다.
春		春になる	春になれば花が咲きます。

ちょっと一言

自転車（자전거）

　日本では自転車が通勤や買い物によく使われますが，韓国では街中で自転車を見ることは稀です。韓国の街は歩道には段差がありますし，車道を走るのは危険ですから，自転車の利用は難しいでしょう。一般の人が自転車に乗ることは少なく，韓国人留学生から，日本に来て自転車の乗り方を覚えたという話をよく聞きます。子供を乗せるママチャリの話をしても，韓国の人にはよくわからないかもしれません。最近はサイクリング用の道路が整備された場所もあり，趣味が**사이클링**（サイクリング）という人も増えているようです。

応用練習

■ イラストのような人に対して，参考の語句を使って，注意してください。

（例）

여기 ここ　　도서관 [図書館]　　떠들다 騒ぐ

➡ 여기는 도서관이에요.

　　떠들지 마세요.

①

이거 これ　상품 [商品]　만지다 触る

➡ _____

_____

② 여기 ここ　촬영금지 [撮影禁止]　사진을 찍다 [写真]を撮る

➡ _____

_____

③

술 お酒　몸에 좋지 않다 身体に良くない
너무 많이 마시다 たくさん飲みすぎる

➡ _____

_____

④ 지금 今　밤 열두 시 夜12時
큰 소리로 노래 부르다 大声で歌を歌う

➡ _____

_____

⑤

아직 まだ　밥을 먹고 있다 ご飯を食べている
그릇을 치우다 器を片付ける

➡ _____

_____

⑤ ホンギルトン伝 *

* 홍길동の発音は［홍길똥］だが，日本語ではしばしば「ホンギルドン」と表記されている。

あやとハルモニは絵本を読んでいる。

1. 아　야 : 길동은 태어났을 때부터 신비로운 능력을 가지고 있었다.

2. 할머니 : 당시 양반과 못된 벼슬아치들은 허세를 부리며 백성들을 괴롭혔다.

3. 아　야 : 집을 나간 길동은 이런 현실에 분개하여 산속에서 무술을 닦아 의적의 우두머리가 되었다.

4. 할머니 : 길동은 신비로운 능력으로 자기의 분신을 일곱 만들었다.

5. 아　야 : 그리하여 여덟 명의 길동이 조선 팔도를 누비고 다니게 되었다.

6. 할머니 : 길동은 나쁜 탐관오리에게서 빼앗은 곡식과 돈을 가난한 백성들에게 나누어 주었다.

7. 아　야 : 이에 임금님은 길동을 붙잡으라는 명령을 내렸다.

8. 할머니 : 길동은 관료인 아버지를 걱정하여 결국 나라 밖으로 떠났다.

9. 아　야 : 할머니 저 꽃모양 하나 완성했어요.

10. 할머니 : 이것까지 전부 여덟 개가 되었구나.

1. あ　　や : キルトンは生まれた時から不思議な力を持っていた。
2. ハルモニ : 当時両班や役人たちはとても威張っていて，人々をいじめていた。
3. あ　　や : 家を出たキルトンはこのような現実に憤慨し山の中で武術を磨き，義賊の頭領になった。
4. ハルモニ : キルトンは不思議な力で自分の分身を7つ作った。
5. あ　　や : そして8人になったキルトンは朝鮮八道に出没するようになった。
6. ハルモニ : キルトンは悪い役人たちから奪った穀物や金品を貧しい人々に分け与えた。
7. あ　　や : これに対し，王はキルトンを逮捕せよという命令を下した。
8. ハルモニ : キルトンは官吏である父を案じ，結局国外に去った。
9. あ　　や : ハルモニ，私，花のモチーフが1つ完成しました。
10. ハルモニ : これで全部で8枚になったね。

　朝鮮朝時代の身分制度は両班・中人・常人・賤人の4つに分けられ，体制維持が図られました。儒教の下では僧侶は賤人扱い，実務担当の中人，農業などの常人，奴婢などの賤人という具合に厳しく身分を分離排除しました。人々は神出鬼没に動き回るホンギルトンを夢物語として受け入れたのではないでしょうか。
　朝鮮半島は朝鮮朝時代400年間，朝鮮八道とよばれる行政区画が敷かれました。北の咸鏡道(함경도)，黄海道(황해도)，平安道(평안도)から，江原道(강원도)，忠清道(충청도)，全羅道(전라도)，慶尚道(경상도)，そして京畿道(경기도)です。首都の漢城 (漢陽・서울)，及び開城(개성)・江華(강화)・水原(수원)・広州(광주)の四都は直轄地でした。今でもそれぞれの地域にことばや食べ物・人情・気質の違いがあると言われ，独特の地方文化が形成されています。

もっとうまくなるために **似ているが少し違う —語彙 —**

　日本語と韓国朝鮮語は，共通する漢語や外来語がたくさんあるので，単語を覚えるときに助かりますね。けれども，字が同じでも意味が違ったり，日本語にはあるのに韓国朝鮮語にはない，あるいはその逆の場合があったりします。ここでは，注意する例を挙げておきます。

1 **共通する単語があるが，意味や使用頻度が違う場合**

　(1) 対応する漢字語より別の漢字語の方がよく使われる場合

　　　韓国朝鮮語にも同じ漢字語がありますが，その単語より別の単語の方がよく使われる例です。韓国朝鮮語らしい表現をするためには，こういう例に注意しましょう。

　　　・予定 — **계획**(計画)＞예정(予定)　週末に何か予定ありますか。　**주말에 무슨 계획 있어요?**

　　ほかの例としては，入会 — **가입**(加入)＞입회(入会)，給料 — **월급**(月給)＞급료(給料)などがある。

　(2) 対応する漢字語があっても使い方が微妙に違う場合

　　　・相談する－**상담**(相談)**하다**/**상의**(相議)**하다**/**의논**(議論)**하다**

　　　　상담(相談)**하다**は専門家や目上の人に意見を聞く場合で，相手と協議する場合は**상의**(相議)**하다**/
의논(議論)**하다**を使う。

　　　진로를 상담하다 進路を相談する，**수술에 대해 상담하다** 手術について相談する
　　　집주인과 이사 날짜를 상의했어요/의논했어요/×상담했어요.
　　　家主と引っ越しの日を相談しました。

　　ほかの例としては，謙虚だ－**겸허**(謙虚)**하다**/**겸손**(謙遜)**하다**，正直だ－**솔직**(率直)**하다**/**정직**(正
直) などがある。

2 **異なる漢字語が対応する場合**

　　日本語と同じではなく，少し違う漢字語，あるいは全く別の漢字語が対応する例です。直訳しないようにしましょう。

　　　・同級生　在学中なら**동급생**(同級生)と言うが，卒業後は**동창**(同窓)と言う。

　　　・美容整形外科　**성형외과**(成形外科)　＊「整形外科」は**정형외과**

　　ほかに，以下の例などがある。

　　勉強 **공부**(工夫)，　様子 **모양**(模様)，　病気 **병**(病)，　名簿 **명단**(名単)，　丁寧 **정중**(丁重)，　通報 **신고**
(申告)，　裁判所 **법원**(法院)，　裁判官 **판사**(判事)，　妊婦 **임신부**(妊娠婦)，　感染者・陽性者 **확진자**(確
診者)，　暗証番号 **비밀번호**(秘密番号)，　運転手 **기사**(技師)

3 **外来語/カタカナ語が漢字語に対応する場合**

　　日本語では外来語等を使うのに，韓国朝鮮語では漢字語や固有語を使う場合があります。外来語をそのまま発音しても通じないので，気をつけましょう。

　　コンビニ **편의점**(便宜店)，　エコ **친환경**(親環境)，　プライド **자존심**(自尊心)，　マナーモード **진동**(振
動)，　パスポート **여권**(旅券)，　インフルエンザ **독감**(毒感)・**신종 플루**(新種flu)，　プライバシー **사
생활**(私生活)，　カラーリングする **염색**(染色)**하다**，　ボランティア **자원봉사**(支援奉仕)，　PM2.5 **미
세먼지**(微細ちり)

覚えておいた方がよい表現

ここでは，さらに勉強したい人のために，(1)本編では取り上げなかったが覚えておいた方がよい表現，(2)応用会話，(3)作文練習を示しておきます。

1. 変則用言

1 ㅎ変則用言(ㅎ変)

- ㅎ変則用言とは ⇒ 語幹最後の終声がㅎである形容詞(좋다を除く)。

  그렇다 (そうだ)， **노랗다** (黄色い)， **하얗다** (白い) など

  ただし，動詞，および좋다(よい)は規則的な活用をする。

  낳다 (産む)， **놓다** (置く)， **닿다** (着く) など

- 特徴 ⇒ 으で始まる語尾，連用形(語幹＋아/어)で形が変化。

> 語幹末終声ㅎ＋語尾으～ → ナシ

어떻다　어떻 ＋ 은 ➡ **어떤** どんな～　　**어떤 것을 좋아하세요?**
どうだ　　　ㅎ ＋ 으 → ナシ　　　　　　どんな物がお好きですか。

> 語幹末母音 ＋ 語幹末終声ㅎ＋ 語尾아/어 → 母音ㅐ*

어떻 ＋ 어 ➡ 어때 (連用形)　　**일본은 어땠어요?**
　　ㅎ ＋ 어 → ㅐ　　　　　　　　日本はどうでしたか。

* 語幹末の母音が陽母音，陰母音，いずれのときもㅐになる。なお，하얗다(白い)の場合は，하얘～となる。

ㅎ変則(ㅎ変)の用言

	連用形(語幹＋아/어) ～て	連用形＋요 ～ます，～です	語幹＋ㄴ/은 ～い～，～な～	語幹＋면/으면 ～れば
빨갛다 (赤い) 〈ㅎ変〉	빨개	빨개요	빨간	빨가면
그렇다 (そうだ) 〈ㅎ変〉	그래	그래요	그런	그러면
좋다 (よい) 〈正則〉	좋아	좋아요	좋은	좋으면

2 러変則用言(러変)

- 러変則用言 ⇒ 푸르다(青い)，이르다(至る)，누르다(黄色い)，노르다(黄色い)の4語とその合成語のみ。*　　* 누르다，노르다はほとんど使われない。
- 特徴 ⇒ 連用形が通常の形と異なる。

> 語幹末르＋語尾어～ → 르러

푸르다　푸르 ＋ 어 ➡ **푸르러** (連用形)　**하늘이 푸르러요.** 空が青いです。
青い　　　　르 ＋ 어 → 르러

・同じ形でも意味によって変則用言の種類が違う場合があるので注意。

이르다 言う, 早い〈르変則〉→ 일러 言って, 早く　　이르다 至る〈러変則〉→ 이르러 至って

누르다 押す〈르変則〉→ 눌러 押して　　　　　　누르다 黄色い〈러変則〉→ 누르러 黄色くて

2. 接続語尾

1 用言語幹＋니까/으니까　～から, ～ので；～と 〔理由, 状況〕

	母音語幹	ㄹ語幹	子音語幹
～から, ～ので, ～と	語幹 ＋ 니까	語幹 ＋ 니까 (終声ㄹなし)	語幹 ＋ 으니까

1. 理由

바쁘다　➡　바쁘 ＋ 니까　　　　오늘은 바쁘니까 내일 만나요.
忙しい　　　　母音語幹　　　　　今日は忙しいから明日会いましょう。

팔다　➡　파 ＋ 니까　　　　　이건 일본에서도 파니까 다른 걸 사요.
売る　　　ㄹ語幹(終声ㄹなし)　これは日本でも売っているから別な物を買いましょう。

있다　➡　있 ＋ 으니까　　　　시험이 있으니까 공부할 거예요.
ある・いる　子音語幹　　　　　試験があるから勉強します。

・理由・原因を表す場合の니까/으니까と連用形＋서
　니까/으니까が使われる文では, 多くの場合文末に話し手の意志や相手への依頼, 誘いを表す
　表現が使われる。連用形＋서の文では, 文末でそういう表現はあまり使われない。

2. 状況（ある事柄が起こる状況を表す。）

교실에 가니까 아무도 없었어요.　教室に行くと, 誰もいませんでした。

2 動詞・存在詞語幹＋는데, 形容詞・指定詞語幹＋ㄴ데/은데　～が 〔前置き〕
　過去の ㅆ, 未来意志の 겠 の後には必ず는데が付く。

	母音語幹	ㄹ語幹	子音語幹
動詞・存在詞 ～が	語幹 ＋ 는데	語幹 ＋ 는데 (終声ㄹなし)	語幹 ＋ 는데
形容詞・指定詞 ～が	語幹 ＋ ㄴ데	語幹 ＋ ㄴ데 (終声ㄹなし)	語幹 ＋ 은데

動詞・存在詞・過去ㅆ・겠

오다　➡　오 ＋ 는데　　　　비가 오는데 우산은 있어요?
降る　　　　　　　　　　　雨が降っていますが, 傘はありますか。

팔다　➡　파 ＋ 는데　　　이 가게는 일본 라면을 파는데 먹어 볼까요?
売る　　　ㄹ語幹(終声ㄹなし)　この店は日本のラーメンを売って(出して)いるから食べてみましょうか。

66

67

◎ 形容詞・指定詞

♪
비싸다 ➡ 비싸 ＋ ㄴ데　　좀 비싼데 다른 집에 갈까요?
高い　　　　母音語幹　　　ちょっと高いんですが，他の店に行きますか。

길다 ➡ 기 ＋ ㄴ데　　한복 치마는 긴데 불편하지 않아요?
長い　　ㄹ語幹(終声ㄹなし)　韓服のスカートは長いですが，不便じゃありませんか。

작다 ➡ 작 ＋ 은데　　좀 작은데 다른 것 없어요?
小さい　　子音語幹　　　ちょっと小さいんですが，別のものありませんか。

3 動詞・存在詞語幹 ＋ 려고/으려고　～しようと　〔意図〕

話し言葉では，ㄹ려고/을려고とも言う。

	母音語幹・ㄹ語幹	子音語幹
～しようと	語幹 ＋ 려고	語幹 ＋ 으려고

68

보내다 ➡ 보내 ＋ 려고　　친구한테 보내려고 책을 한 권 샀어요.
送る　　　母音語幹　　　　友達に送ろうと本を1冊買いました。

읽다 ➡ 읽 ＋ 으려고　　도서관에 가서 책을 읽으려고 해요.
読む　　　子音語幹　　　図書館に行って本を読もうと思います。

4 形容詞語幹 ＋ 게　～く，～に　（副詞形）

69

싸다 ➡ 싸 ＋ 게　　좀 더 싸게 해 주세요.
安い　　　　　　　もう少し安くしてください。

어떻다 ➡ 어떻 ＋ 게　　성함이 어떻게 되세요?
どうだ　　　　　　　　お名前は何とおっしゃいますか。

3. 終結語尾

1 動詞・存在詞語幹＋는데요　～ますが・ですが
形容詞・指定詞語幹＋ㄴ데요/은데요　～ですが　〔婉曲〕

過去のㅆ，未来意志の겠の後には必ず는데요が付く。

	母音語幹	ㄹ語幹	子音語幹
動詞・存在詞 ～ますが, ですが	語幹 ＋ 는데요	語幹 ＋ 는데요 (終声ㄹなし)	語幹 ＋ 는데요
形容詞・指定詞 ～ですが	語幹 ＋ ㄴ데요	語幹 ＋ ㄴ데요 (終声ㄹなし)	語幹 ＋ 은데요

🔖 動詞・存在詞・過去ㅆ・겠

가다 ➡ 가 + 는데요
行く

"내일 놀러 갈까요?" "학교에 가는데요."
明日遊びに行きませんか。　　　学校に行くんですが。

➡ 갔 + 는데요
　　　過去

"어제 학교에 갔어요?" "네, 갔는데요."
昨日学校に行ったんですか。　　　はい，行きましたが。

살다 ➡ 사 + 는데요
住む　ㄹ語幹(終声ㄹなし)

지금 일본에 사는데요.
今，日本に住んでいるんですが。

다음주에 한국에서 친구들이 놀러 와요.
来週韓国から友達が遊びに来ます。

🔖 形容詞・指定詞

비싸다 ➡ 비싸 + ㄴ데요
(値段が)高い　母音語幹

"좀 비싼데요." "그럼 다른 가게에 가 볼까요?" ♪
ちょっと高いんですが。　　じゃあ，ほかの店に行ってみましょうか。

멀다 ➡ 머 + ㄴ데요
遠い　ㄹ語幹(終声ㄹなし)

"신촌에서 만날까요?" "거긴 집에서 좀 먼데요."
新村で会いましょうか。　　　そこは家からちょっと遠いんですが。

작다 ➡ 작 + 은데요
小さい　子音語幹

"사이즈 맞으세요?" "좀 작은데요."
サイズ合いますか。　　　ちょっと小さいんですが。

2 動詞語幹＋ㅂ시다/읍시다　〜しましょう〔勧誘〕(합니다体)

합니다体の表現ではあるが，かなり目上の人には使わない。標語などによく使われる。目上の人に対する誘いの表現としては語幹＋시지요(시+지요)の形がよく使われる。

	母音語幹	ㄹ語幹	子音語幹
〜しましょう	語幹 ＋ ㅂ시다	語幹 ＋ ㅂ시다 (終声ㄹなし)	語幹 ＋ 읍시다

가다 ➡ 가 + ㅂ시다
行く　母音語幹

자, 갑시다.
さあ，行きましょう。

팔다 ➡ 파 + ㅂ시다
売る　ㄹ語幹(終声ㄹなし)

축제 때 한국 음식을 팝시다.
お祭りの時，韓国の食べ物を売りましょう。

읽다 ➡ 읽 + 읍시다
読む　母音語幹

큰 소리로 책을 읽읍시다.
大きな声で本を読みましょう。

1 動詞連用形(語幹＋아/어/여) ＋보다　～てみる

本来の動詞が連用形の後に続いて補助動詞として使われることがある。

72

가다	➡	가 보다	부산에 가 보았어요.
行く		行ってみる	プサンに行ってみました。

먹다	➡	먹어 보다	이 김치를 먹어 보세요.
食べる		食べてみる	このキムチを食べてみてください。

・물어보다 (尋ねる,尋ねてみる) のように보다が付いた形が一つの単語になった場合もある。

2 動詞連用形(語幹＋아/어/여) ＋버리다　～てしまう

73

자다	➡	자 버리다	아침에 늦잠을 자 버렸어요.
寝る		寝てしまう	朝, 寝坊してしまいました。

먹다	➡	먹어 버리다	다이어트 중인데 케이크를 먹어 버렸어요.
食べる		食べてしまう	ダイエット中なのにケーキを食べてしまいました。

・잊어버리다 (忘れる,忘れてしまう), 잃어버리다 (なくす,なくしてしまう) のように버리다が
付いた形が一つの単語になった場合もある。

3 動詞連用形(語幹＋아/어/여) ＋주다　～てやる, ～てくれる
動詞連用形(語幹＋아/어/여) ＋주시다　～てくださる

74

찍다	➡	찍어 주다	친구가 사진을 찍어 주었어요.
撮る		撮ってくれる, 撮ってやる	友達が[写真]を撮ってくれました。
			제가 사진을 찍어 주었어요.
			私が[写真]を撮ってやりました(あげました)。
	➡	찍어 주시다	선생님께서 사진을 찍어 주셨어요.
		撮ってくださる	先生が[写真]を撮ってくださいました。

4 動詞連用形(語幹＋아/어/여) ＋드리다　お(ご)～する, ～てさしあげる　〔謙譲の表現〕

75

알리다	➡	알려 드리다	결과를 알려 드렸어요.
知らせる		お知らせする	結果をお知らせしました。

안내하다	➡	안내해 드리다	시내를 안내해 드렸어요.
案内する		ご案内する	[市内]をご[案内]しました。

5 動詞連用形(語幹＋아/어/여) ＋있다　～ている　〔動作・変化の結果状態〕

76

가다	➡	가 있다	기무라 씨는 지금 서울에 가 있습니다.
行く		行っている	木村さんは今ソウルに行っています。

떨어지다	➡	떨어져 있다	지갑이 떨어져 있어요.
落ちる		落ちている	財布が落ちています。

・連用形＋있다の形になるのは，自動詞の一部だけで，他動詞はこの形にならない。
・語幹＋고 있다（〜ている）は基本的に〔動作の継続〕を表す。

먹고 있어요. 食べています。　놀고 있습니다. 遊んでいます。

5. 助詞

1 보다　〜より〔比較〕

저것보다 이것이 더 싸요.　あれよりこれがもっと安いです。

형은 저보다 키가 큽니다.　兄は私より背が高いです。

2 〜만　〜だけ，〜のみ

필요한 것만 샀어요.　〔必要〕な物だけ買いました。

한 시간만 게임 해도 돼요?　1時間だけゲームをしてもいいですか。

3 〜의　〜の

話し言葉では의が省略されることが多い。表記は의だが，通常〔에〕と発音される。

학습의 중요성 〔学習〕の〔重要性〕　한국의 역사 〔韓国〕の〔歴史〕

⚠ 注意!

位置関係を表すことば（앞 前，옆 横，위 上，속 中・底 など）の前では，書き言葉でも의を使わない。
名詞のあとに直接位置を示すことばが続く。

학교 앞 学校の前　　책상 위 机の上　　마음 속 心の中（底）

6. 慣用表現

1 用言連用形(語幹＋아/어/여)＋야 되다　〜なければいけない

되다の代わりに하다が付いた連用形＋야 하다という形もあり，ほぼ同じような意味で使われる。

사다 ➡ 사 ＋ 야 되다　　친구에게 줄 선물을 사야 돼요.
買う　　　連用形　　　　友達にあげるおみやげを買わなければいけません。

있다 ➡ 있어 ＋ 야 되다　　돈이 더 있어야 되겠어요.
ある・いる　　連用形　　　お金がもっとなければいけません。

各課で練習した表現を使った会話の例です。まとまった会話を練習したいときに利用してください。

第1課

유리と会うために日本に来た지훈。유리は授業があるため，代わりに留学生の철수が空港に迎えに行った。

79

1. 철수 : 저... 김지훈 씨 맞으십니까?

2. 지훈 : 네, 맞습니다. 박철수 씨입니까?

3. 철수 : 네, 박철수라고 합니다. 처음 뵙겠습니다.

4. 지훈 : 김지훈입니다. 반갑습니다.

5. 철수 : 유리 씨는 오늘 수업이 있어요.

　　　　그래서 제가 대신 나왔어요.

6. 지훈 : 그러셨습니까? 고맙습니다.

7. 철수 : 유리 씨도 이제 수업이 끝났어요.

　　　　제가 학교로 안내하겠습니다.

注意する発音

3. 뵙겠습니다 ➡ 〔베께씀니다〕　7. 끝났어요 ➡ 〔끈나써요〕

単　語

1.저 あの　씨 さん　맞다 合う, 正しい, 一致する　3.라고 하다 ~と言う　처음 뵙겠습니다. 初めまして。　4.반갑습니다. (お目にかかれて) うれしいです。　5.오늘 今日　수업 [授業] 있다 ある, いる　그래서 それで　제 私 (助詞が続くときには, 저가ではなく제가となる➡p.29) 대신 代わりに　나오다 出る, 出てくる　6.그러셨습니까? そうでしたか。　고맙습니다. ありがとうございます。　7.이제 もう　끝나다 終わる　학교 [学校]　로 ~(の方)へ　안내하겠습니다. [案内]します。

第 2 課

지훈과 철수는 공港から移動し，유리와 철수가 通っている学校に来た。

1. 철수 : 여기가 저희 학교예요.

2. 지훈 : 캠퍼스가 참 예쁘네요. 어! 저기 오는 사람 유리 씨 아니에요?

3. 철수 : 그렇네요. 유리 씨! 여기요.

4. 유리 : 지훈 씨, 오랜만이에요. 잘 지내셨어요?

5. 지훈 : 네, 유리 씨도 잘 지냈지요? 철수 씨 덕분에 잘 도착했어요.

6. 철수 : 자, 우리 저녁이라도 같이 먹어요.

   근처에 새로 생긴 오코노미야키 가게가 있어요.

7. 지훈 : 오코노미야키는 먹어 본 적이 없어요.

8. 유리 : 일본식 빈대떡이에요.

9. 지훈 : 와 기대되네요!

注意する発音

1. 저희 ➡ 〔저이〕 3. 그렇네요 ➡ 〔그런네요〕 5. 도착했어요 ➡ 〔도차캐써요〕
6. 같이 ➡ 〔가치〕

単　語

1.저희 私たちの，私の 2.캠퍼스 キャンパス 참 とても，本当に 예쁘다 きれいだ 네요 〜ですね（何かに気づいたとき，感嘆したとき使う）➡p.26 어 おっ 오는>오 다 来る 3.그렇네요. そうですね。 요 〜です（丁寧さを表す）➡p.40 4.오랜만이 에요. お久しぶりです。 잘 元気に 지내다 過ごす 5.지요 〜ですよね（確かめる ときに使う）➡ 9-2 덕분에 おかげで 잘 うまく 도착하다 着く，[到着]する 6.자 さあ 저녁 晩ご飯 이라도 〜でも（子音終わりの名詞に付く。母音終わりの名 詞には라도。） 같이 一緒に 먹어요. 食べましょう。（해요体は，叙述や疑問のほか に勧誘の意味も表す。） 근처 近く，近所 새로 新しく 생긴>생기다 できる 오코 노미야키 お好み焼き 가게 店 7.ㄴ/은 적이 없다 〜たことがない➡p.15 8.일본 식 [日本式] 빈대떡 ピンデトク（料理の名前） 9.와 わあ 기대되네요! 楽しみです ね！（直訳すると「期待されますね」）

80

第 3 課

お好み焼きを食べた翌日，유리と지훈の会話

1. 유리 : 오코노미야키는 입에 맞으셨어요?

2. 지훈 : 네, 아주 맛있게 잘 먹었어요.

3. 유리 : 내일은 뭐 할 생각이세요?

4. 지훈 : 예전에 옆 집 살던 친구가 지금 도쿄에 있어요.

   그 친구를 만날 생각이에요.

5. 유리 : 그래요? 어디에서 만나세요?

6. 지훈 : 신주쿠 역에서 저녁 때 만날 거예요.

7. 유리 : 정말요? 저도 내일 저녁에 신주쿠에서 볼일이 있어요.

8. 지훈 : 그럼 같이 가요.

9. 유리 : 네, 좋아요.

注意する発音
6. 거예요 ➡ 〔꺼에요〕 7. 정말요 ➡ 〔정말료〕 볼일이 ➡ 〔볼리리〕
8. 같이 ➡ 〔가치〕 9. 좋아요 ➡ 〔조아요〕

単 語
1.입에 맞다 口に合う 2.아주 とても 맛있게 おいしく 잘 よく,たくさん 3.뭐 何
(무엇の縮約形) 생각 つもり,考え 4.예전 昔,ずっと前 옆 隣,横 살다 住む 친구
友達 지금 今 만나다 会う 5.그래요? そうですか。 6.저녁 夕方 때 時 7.정말요?
本当ですか。 볼일 用事 8.그럼 それじゃあ,じゃあ 같이 一緒に 9.좋다 よい

第 4 課

지훈と유리，最寄駅で待ち合わせた。

1. 유리 : 지훈 씨! 여기예요. 역까지 잘 오셨네요.

2. 지훈 : 네, 신주쿠까지 잘 부탁해요.

   어! 저기 전철이 오고 있네요.

3. 유리 : 저건 느린 전철이에요. 다음에 더 빠른 전철이 와요.

4. 지훈 : 아, 그럼 다음 걸 타죠.

5. 유리 : 그런데, 오늘 만나는 분은 친한 친구예요?

6. 지훈 : 네, 어릴 때 자주 같이 놀았어요.

7. 유리 : 와~ 어릴 때 친구하고 지금까지 연락을 하네요.

8. 지훈 : 네, 저하고 취미나 성격이 비슷한 친구예요.

9. 유리 : 어! 전철 왔어요.

注意する発音

1. 오셨네요 ➡ 〔오션네요〕 2. 부탁해요 ➡ 〔부타캐요〕 있네요 ➡ 〔인네요〕
6. 같이 ➡ 〔가치〕 7. 연락 ➡ 〔열락〕 8. 성격 ➡ 〔성껵〕 비슷한 ➡ 〔비스탄〕

単 語

1.역 駅 오다 来る 네요 ～ですね 2.잘 부탁하다 よろしくお願いする 전철 電車
(漢字で書くと「電鉄」) 3.저건 あれは (저것은の縮約形) ➡p.15 느리다 遅い，ゆっく
りしている 다음 次 더 もっと 빠르다 早い，速い 4.그럼 それじゃあ，じゃあ 걸
ものを (것을の縮約形) ➡p.15 타다 乗る (前の助詞는를/을であることに注意) 죠 ～
ましょう (지요の縮約形) ➡ 9-2 5.그런데 ところで 오늘 今日 만나다 会う 분
方 친하다 親しい 6.어리다 幼い，小さい 자주 よく，しきりに 놀다 遊ぶ 7.지금
今 연락 [連絡] 8.취미 [趣味] 나 ～や (助詞。母音終わりの語にはい，子音終わり
の語には이나が付く。) 성격 [性格] 비슷하다 似ている

第 5 課

지훈と유리, 電車に乗っている。

83

1. 유리 : 지훈 씨, 다음 역이 신주쿠예요.

   약속 장소까지 길은 아세요?

2. 지훈 : 네, 지도를 봐서 대충 알 것 같아요.

3. 유리 : 잘 하셨네요. 저는 필요한 책이 있어서 서점에 갈 거예요.

4. 지훈 : 그럼 돌아가실 때 전화하세요.

지훈は友達と食事をした後, 유리と一緒に電車に乗って宿舎に帰る。

5. 유리 : 오랜만에 만나서 재미있으셨어요?

6. 지훈 : 네, 그런데 유리 씨는 다음 토요일에 시간 어때요?

   친구 사는 동네에서 불꽃 축제를 해요.

7. 유리 : 재미있을 것 같네요. 저도 가고 싶어요.

8. 지훈 : 그럼 같이 가요.

注意する発音

1. 다음 역이 ➡ 〔다음 녀기〕 3. 하셨네요 ➡ 〔하션네요〕 갈 거예요 ➡ 〔갈 꺼에요〕
7. 같네요 ➡ 〔간네요〕 8. 같이 ➡ 〔가치〕

単語

1.다음 次 (の) 약속 [約束] 장소 [場所] 길 道 아세요>알다 わかる 2.지도 [地図]
보다 見る 대충 大体 3.잘 しっかり, 十分に 네요 ～ですね 필요하다 [必要]だ 책
本 서점 [書店], 本屋 4.그럼 それじゃあ, じゃあ 돌아가다 帰る, 帰って行く 때 時
전화하다 [電話]する 5.오랜만에 久しぶりに 만나다 会う 재미있다 面白い 6.그런데
ところで 토요일 [土曜日] 시간 [時間] 어때요? どうですか。 친구 友達 사는>살다
住む동네 街, 町 불꽃 花火 축제 お祭り (불꽃 축제 花火大会) 7.재미있다 面白い
저 私 8.같이 一緒に

82

第6課

花火大会当日，유리と지훈は友達の민수を探している。

1. 유리 : 친구 분은 어디 계세요?

2. 지훈 : 글쎄요. 사람이 많아서 찾을 수가 없어요.

3. 유리 : 근데 지훈 씨, 뒤에서 누가 불러요.

4. 지훈 : 아! 민수예요.

3人は席に座って花火を見ながら話をする。

5. 민수 : 유리 씨는 술은 전혀 안 드세요?

6. 유리 : 맥주 한 잔은 마실 수 있어요. 두 잔 마시면 취해요.

7. 지훈 : 와! 이 불꽃 정말 예쁘다!

8. 유리 : 이게 마지막인 것 같아요. 끝날 시간이에요.

9. 민수 : 벌써요? 한 시간이 금방 흘렀네요.

10. 지훈 : 시간이 진짜 빨라요.

　　　　오늘 재미있었어요.

注意する発音
2. 많아서 ➡ 〔마나서〕　없어요 ➡ 〔업써요〕　5. 전혀 ➡ 〔저녀〕
8. 끝날 ➡ 〔끈날〕　9. 흘렀네요 ➡ 〔흘런네요〕

単　語
1.분 方　2.글쎄요 さあ,さて　찾다 探す　3.근데 ところで　뒤 後ろ　누가 誰かが；誰が (누구に가を付けるときは누가となる ➡p.29　불러요>부르다 呼ぶ　5.술 お酒　전혀 全く,全然　드시다 召し上がる　6.맥주 ビール　잔 〜杯　취하다 酔う　7.불꽃 花火 (直訳すると「火の花」)　정말 本当に　예쁘다 きれいだ　8.이게 これが (이것이の縮約形) ➡p.15　마지막 最後　끝나다 終わる　시간 [時間]　9.벌써 もう,すでに　요 〜です (丁寧さを表す) ➡p.40　금방 すぐに　흘렀>흐르다 流れる,過ぎる　10.진짜 本当に　빨라요>빠르다 早い　재미있다 面白い

第 7 課

유리と지훈が花火大会の帰り，電車の中で。

1. 지훈 : 사람은 많았지만 정말 예뻤어요.

2. 유리 : 네, 내년에 또 같이 볼 수 있으면 좋겠네요.

3. 지훈 : 그런데 유리 씨 내일은 바빠요?

   저 스카이트리에 한번 가고 싶어요.

4. 유리 : 내일은 아르바이트가 있지만 모레는 괜찮아요.

5. 지훈 : 그럼 모레 같이 가요.

6. 유리 : 좋아요! 혼자 올 수 있겠어요?

7. 지훈 : 네, 괜찮을 것 같아요.

8. 유리 : 알겠어요. 그럼 저는 스카이트리 역에서 기다리겠습니다.

注意する発音

1. 많았지만 ➡ 〔마낟찌만〕 2. 같이 ➡ 〔가치〕 좋겠네요 ➡ 〔조켄네요〕
4. 괜찮아요 ➡ 〔괜차나요〕 6. 좋아요 ➡ 〔조아요〕 7. 괜찮을 ➡ 〔괜차늘〕

単　語

1.많다 多い　정말 本当に　예뻤어요>예쁘다 きれいだ　2.내년 [来年]　또 また
같이 一緒に　보다 見る　면/으면 좋겠다 ～ればいい, ればいいのになあ　네요 ～で
すね　3.그런데 ところで　내일 明日　바빠요>바쁘다 忙しい　저 私　스카이트리
スカイツリー　한번 一度　4.아르바이트 アルバイト　모레 あさって　괜찮다 大丈夫
だ　5.그럼 では, じゃあ　6.좋다 良い　8.알다 知る　기다리다 待つ

지훈がなかなか来ないので，유리が지훈に電話する。

86

1. 유리 : 지훈 씨, 잘 오고 있어요?

2. 지훈 : 네, 지금 전철을 내렸어요. 이제 지하철로 갈아탈 거예요.

3. 유리 : 그럼 남쪽 출구로 나오세요.

　　　　조금 걸으면 왼쪽에 지하철역이 나와요.

4. 지훈 : 고마워요. 잠깐만 기다려 주세요.

지훈は無事地下鉄に乗り換えてスカイツリーに着く。

5. 지훈 : 유리 씨! 오래 기다렸어요?

6. 유리 : 아니에요. 쇼핑몰도 보고 차도 한 잔 마시고 싶어서

　　　　일찍 왔어요.

7. 지훈 : 점심은 아직 안 먹었지요? 점심을 먼저 먹을까요?

8. 유리 : 네, 싸고 맛있는 초밥 가게가 있어요. 거기 가요!

注意する発音

2. 거예요 ➡ 〔꺼에요〕　**3.** 지하철역이 ➡ 〔지하철려기〕　**8.** 맛있는 ➡ 〔마신는〕

単 語

1.잘 うまく 오다 来る 2.지금 今 전철 電車 내리다 降りる 이제 もうすぐ 지하철 [地下鉄] 갈아타다 乗り換える 3.남쪽 南 출구 [出口] 나오다 出る, 出てくる 조금 少し 걸으면＞걷다 歩く 왼쪽 左 지하철역 [地下鉄]の[駅] 4.고마워요＞고맙다 有り難い 잠깐만 少し 기다리다 待つ 5.오래 長く 6.쇼핑몰 ショッピングモール 차 お[茶] 잔 ～杯 마시다 飲む 일찍 早く 7.점심 昼ご飯 아직 まだ 먼저 まず, 先に 8.싸다 安い 맛있다 おいしい 초밥 寿司 가게 店 거기 そこ

지훈と유리は回転寿司に行って食べている。

87

1. 유리 : 초밥 접시가 돌고 있지요? 먹고 싶은 걸 고르세요.

2. 지훈 : 재미있네요! 전 회전 초밥은 처음 먹어 봐요.

3. 유리 : 근데 지훈 씨 얼굴이 왜 그래요?

4. 지훈 : 와사비가 너무 매워요.

5. 유리 : 한국 음식 매운 맛하고 다르죠?

6. 지훈 : 네. 이번 여행은 유리 씨 덕분에 정말 즐거웠어요.

7. 유리 : 도쿄도 서울만큼 재미있지요? 또 놀러 오세요.

8. 지훈 : 돌아가서 가끔 편지해도 돼요?

9. 유리 : 그럼요. 저도 꼭 답장 쓰겠습니다.

10. 지훈 : 유리 씨도 혹시 서울에 올 계획이 생기면 말씀하세요.

注意する発音

5. 한국 음식 ➡〔한구 금식〕 맛하고 ➡〔마타고〕
6. 이번 여행 ➡〔이번 녀행〕 9. 그럼요 ➡〔그럼뇨〕

単　語

1.초밥 寿司　접시 皿　돌다 回る　걸 ものを(것을の縮約形)　고르다 選ぶ 2.네요 ~ですね　전 私は(저는の縮約形)　회전 초밥 [回転]寿司　처음 初めて　連用形+보다 ~てみる ➡ 付録p.76 3.근데 ところで　얼굴 顔　왜 なぜ　그래요 そうなんですか(この部分を訳すと「その顔どうしたんですか」) 4.와사비 ワサビ (고추냉이とも言う)　매워요>맵다 辛い 5.한국 음식 [韓国]料理　매운>맵다 辛い　맛 味　다르다 違っている 6.이번 今回の　덕분에 おかげで　즐거웠어요>즐겁다 楽しい 7.만큼 ~くらい、~と同じくらい　또 また　놀다 遊ぶ　러 오다 ~しに来る ➡ p.62 8.돌아가다 帰る　가끔 時々　편지하다 手紙を出す 9.그럼요. もちろんです。　꼭 必ず　답장 返事　쓰다 書く 10.혹시 もし　계획 予定, [計画]　생기다 できる, 生じる　말씀하시다 お話になる

第10課

지훈から유리に手紙が届いた。

1. 유리 씨, 그동안 어떻게 지냈어요?

2. 저는 덕분에 무사히 돌아왔습니다.

3. 귀국 후에 피곤해서 감기에 걸렸지만 이제 거의 다 나았어요.

4. 일본은 한국이랑 비슷하지만 조금 달라서 재미있었어요.

5. 유리 씨와 같이 간 스카이트리와 불꽃놀이도 좋은 추억이 됐어요.

6. 이번에는 도쿄만 갔지만 다음엔 교토도 가 보고 싶네요.

7. 곧 신학기가 시작하지요?

8. 공부도 아르바이트도 바쁘겠지만 너무 무리하지 마세요.

9. 그럼 또 연락할게요!

注意する発音

1. 어떻게 ➡ 〔어떠케〕 2. 무사히 ➡ 〔무사이〕 3. 귀국 후에 ➡ 〔귀구쿠에〕
  피곤해서 ➡ 〔피고내서〕 거의 ➡ 〔거이〕 4. 비슷하지만 ➡ 〔비스타지만〕
5. 같이 ➡ 〔가치〕 불꽃놀이 ➡ 〔불꼳노리〕 좋은 ➡ 〔조은〕
6. 싶네요 ➡ 〔심네요〕 7. 신학기 ➡ 〔시나끼〕 시작하지요 ➡ 〔시자카지요〕
9. 연락할게요 ➡ 〔열라칼께요〕

単語

1.그동안 この間　어떻게 どのように, どう　지내다 過ごす 2.덕분에 おかげで
무사히 [無事]に　돌아오다 帰る, 帰ってくる 3.귀국 [帰国]　후 ～後 피곤하
다 疲れている　감기 風邪　걸리다 かかる (감기에 걸리다 風邪を引く)　이제
もう 거의 ほとんど 다 すっかり 나았어요＞낫다 治る 4.이랑 ～と (子音終わ
りの名詞に付く助詞。母音終わりの名詞には랑が付く。) 비슷하다 似ている 달라서＞
다르다 違っている　재미있다 面白い 5.같이 一緒に　불꽃놀이 花火大会　좋다 よい
추억 思い出, [追憶] 이 되다 ～になる➡p.68 6.이번 今回 만 ～だけ➡付録p.77
다음 次 엔 ～には (에는の縮約形) 連用形+보다 ～てみる➡付録p.76 네요 ～で
すね 7.곧 もうすぐ, すぐに 신학기 [新学期] 시작하다 始まる 8.공부 勉強 아르
바이트 アルバイト 바쁘다 忙しい 너무 あまりに 무리하다 [無理]する 9.그럼 それで
は, それじゃあ 또 また 연락하다 [連絡]する

各課の表現を使った作文の問題です。作文の練習をしたいときに利用してください。

第 1 課

■ 次の日本語を韓国朝鮮語に訳しなさい。文末は합니다体を使いなさい。

① 「今日(오늘)は暑いですか。」「とても(아주)暑いです。35度(도)です。」(暑い 덥다)

② 「毎日(매일)何(몇)時に学校に来られますか。」「8時20分に来ます。」(来る 오다)

③ 「週末(주말)には何(무엇)をされますか。」「掃除(청소)と洗濯(빨래)をします。平日(평일)に
は時間(시간)がありません。」(する 하다)

④ 「朝(아침)何を召し上がりますか。*」「普通(보통)パン(빵)を食べます。時々(가끔)ご飯
(밥)を食べます。」(食べる 먹다) * この場合の「朝」は，「朝に」と訳す。

⑤ 「韓国の食べ物(음식)は何がお好きですか。」「プルゴギ(불고기)が好きです。すき焼き(스키야키)
と味(맛)が似ています。」(～が好きだ ～를/을 좋아하다, 似ている 비슷하다)

⑥ 「ご両親(부모님)はどこにお住まいですか。」「仙台に住んでいます。* 時々東京に来ます。」
(住む 살다) (どちらも尊敬の表現を使って)

　　　　　　　　　　* この場合の「～ています」は語幹＋ㅂ니다/습니다の表現を使う。

⑦ 「あの方(저 분)はどなた(누구)ですか。*」「井上さんのお父さん(아버님)です。」
(どちらも尊敬の表現を使って)　　　* 누구の後는 이십니까の이가 省略된다.

⑧ 「ご家族(가족)は何人(분)ですか。」(尊敬の表現を使って)「4人(명)です。両親(부모님)と姉
(누나/언니)が1人います。*」 *「姉」を言う場合，弟から누나と言い，妹からは언니と言う。

第 2 課

■ 次の日本語を韓国朝鮮語に訳しなさい。特に指示のないときは，文末に**해요体**を使いなさい。

① <u>ピアノ</u>(피아노)を弾いている人が<u>私の</u>(제)<u>妹</u>(여동생)です。*（弾く 치다）

* 「弾いている」の部分は，現在連体形で訳す。

② <u>私</u>(저)は<u>電車</u>(전철)の<u>中</u>(안)で寝る<u>習慣</u>(습관)があります。（寝る 자다）

③ 今日の<u>朝</u>*(아침)学校の<u>前</u>(앞)にある<u>カフェ</u>(카페)で<u>コーヒー</u>(커피)を飲みました。
  （飲む 마시다）* 「朝」は「朝に」と訳す。

④ 「昨日は<u>何</u>(무엇)をしましたか。」「韓国から来た<u>留学生</u>(유학생)に<u>日本語</u>(일본어)を教えました。*」
  （する 하다，教える 가르치다）* 「留学生に」の「に」を訳すとき，前の名詞が人を表すことに注意。

⑤ <u>日本語</u>(일본어)は<u>いつ</u>(언제)習われましたか。（習う 배우다）（합니다体で）

⑥ 「この<u>俳優</u>(배우)が出た<u>ドラマ</u>(드라마)は，<u>全部</u>(전부 다)見ました。（出る 나오다）（합니다体で）

⑦ 韓国で召し上がった<u>食べ物</u>(음식)はお口に合いましたか。*（召し上がる 드시다，口に合う 입에
  맞다）（합니다体で）* 「合いましたか」の部分も尊敬の表現にする。

⑧ 私は韓国に行ってみたことがありません。（行ってみる 가 보다）

光化門(광화문)

第3課

■ 次の日本語を韓国朝鮮語に訳しなさい。特に指示がない場合は文末を해요体にしなさい。

① 日本に来られる<u>時</u>(때)は<u>必ず</u>(꼭)<u>連絡</u>(연락)ください。* （くれる 주다）

＊「来られる」だから尊敬の形にする。연락は〔열락〕と発音する。

② <u>ゲーム</u>(게임)に参加する人は<u>こちらに</u>(이쪽으로)来てください。

（参加する 참가하다, 〜てください (으)세요）

③ 私は10月に<u>名古屋に</u>(로)引っ越しする予定です。（引っ越しする 이사하다）（합니다体で）

④ ここにあった<u>ボールペン</u>(볼펜)はどこに行きましたか。*

＊「あった〜」というときには，回想連体形を使う。

⑤ 私が<u>よく</u>(자주)行っていた<u>喫茶店</u>(카페)がなくなりました。（なくなる 없어지다）（합니다体で）

⑥ この<u>遊び</u>(놀이)は<u>小学校</u>(초등학교)の時<u>よく</u>(자주)していた遊びです。

⑦ 伊藤さんは<u>一生懸命</u>(열심히)勉強しています。<u>必ず</u>(꼭)合格するでしょう。

（勉強する 공부하다, 合格する 합격하다）

⑧ <u>連休</u>(연휴)は<u>家族</u>(가족)と<u>一緒に</u>(같이)過ごすつもりです。

（過ごす 보내다）（ㄹ/을 것이다を使って）

第4課

■ 次の日本語を韓国朝鮮語に訳しなさい。特に指示がない場合は文末を해요体にしなさい。

① 春(봄)にはきれいな花(꽃)が咲きます。(きれいだ 예쁘다, 咲く 피다) (합니다体で)

② ここ(여기)より静かな部屋(방)を探しています。(〜より 보다, 静かだ 조용하다, 探す 찾다)

③ 仕事(일)が忙しいときは11時に家に帰ります。(忙しい 바쁘다, 帰る 가다)

④ 荷物(짐)がとても(너무)多いときはタクシー(택시)に乗った方が(게)よいです。＊
(多い 많다, 乗る 타다, よい 좋다)   ＊「乗った方が」の部分は過去連体形を使わず現在連体形を使う。

⑤ 親しかった友達(친구)が韓国(한국)に留学します。(親しい 친하다, 留学する 유학을 가다)

⑥ 韓国では最近(요즘)どんな(어떤)もの(것)が流行していますか。(流行する 유행하다)

⑦ 韓国の首都(수도)であるソウルには多くの人が住んでいます。＊(多い 많다, 住む 살다)
(합니다体で) ＊「である」の部分は指定詞이다を使う。「多くの」の部分は많다を現在連体形にする。

⑧ 「今(지금)何をしていますか。」「昨日(어제)見られなかったドラマ(드라마)を見ています。」
(見られない 못 보다)

ソウル(서울)

第 5 課

■ 次の日本語を韓国朝鮮語に訳しなさい。特に指示がない場合は文末を**해요体**にしなさい。

① 遠いところ(곳)から来てくださりありがとうございます。

(遠い 멀다, 有り難い 감사하다) (합니다体で)

② 朝(아침)から咳(기침)が出ます。どうも(아무래도)風邪を引いたようです。

(出る 나다, 風邪を引く 감기에 걸리다) (것 같다を使って)

③ このカフェ(카페)は店(가게)で直接(직접)作ったパン(빵)がおいしいです。

(作る 만들다, おいしい 맛있다)

④ 友達(친구)に会って一緒に(같이)映画(영화)を見ました。* (会う 만나다)

＊「～に会う」は～를/을 만나다となることに注意。

⑤ バス(버스)に乗り遅れて授業(수업)に遅れました。(乗り遅れる 놓치다, 遅れる 늦다)

⑥ 週末(주말)にお客さん(손님)が来られるので家(집)の掃除(청소)をしています。*

＊「～ので」は連用形＋서を使う。

⑦ 食べ物(음식)が足りなそうなのでもう少し(좀 더)作りました。* (足りない 모자라다, 作る
만들다) (것 같다を使って)＊「足りなそう」の部分は未来連用形＋것 같다,「～ので」の部分は連用形＋서を使う。

⑧ 冷蔵庫(냉장고)にあったケーキ(케이크)を弟(동생)が全部(다)食べたみたいです。*
(것 같다を使って)＊「あった」の部分は, 回想連体形～던を使う。

第 6 課

■ 次の日本語を韓国朝鮮語に訳しなさい。特に指示がない場合は文末を**해요体**にしなさい。

① ジュース(주스)を<u>たくさん</u>(많이)飲む<u>との</u>ど(목)が<u>もっと</u>(더)渇きます。

(飲む 마시다, 乾く 마르다〈르変〉)

② <u>故郷</u>(고향)にある<u>川</u>(강)には<u>いつも</u>(언제나)きれいな<u>水</u>(물)が流れています。*
   (きれいだ, 澄んでいる 맑다, 流れる 흐르다〈르変〉) ＊「流れています」は連用形＋요の形で訳す。

③ <u>今</u>(지금)<u>携帯電話</u>(핸드폰)がないのでその<u>方</u>(분)の<u>連絡先</u>(연락처)がわかりません。

(〜がわからない 〜를/을 모르다〈르変〉)

④ 広い<u>家</u>(집)に住むと<u>掃除</u>(청소)が<u>とても</u>(너무)大変です。(広い 넓다, 住む 살다, 大変だ 힘들다)

⑤ <u>南山タワー</u>(남산타워)に上ると<u>ソウル市内</u>(서울 시내)を<u>すべて</u>(다)見ることができます。

(上る 올라가다, 見る 보다)

⑥ <u>今</u>(지금)から急げば<u>レポート</u>(리포트)<u>提出日</u>(제출 날짜)に間に合わすことができます。

(急ぐ 서두르다, 間に合わす 맞추다)

⑦ 東京に来られたら<u>必ず</u>(꼭)<u>また</u>(다시)会いましょう。* (来る 오다, 会う 만나다)

＊「来られる」の部分は오다を尊敬の形にする。過去形にはしない。

⑧ <u>夏休み</u>(여름방학)になったら<u>ソウル</u>(서울)に<u>一度</u>(한번)行ってみたいです。

(〜になる 〜가/이 되다, 行ってみる 가 보다)

KTX(케이티엑스)　　　　南山タワー(남산타워)

第 7 課

■ 次の日本語を韓国朝鮮語に訳しなさい。特に指示がない場合は文末を**해요体**にしなさい。

① お腹(배)がすごく(너무)痛くて涙(눈물)が出ました。(痛い 아프다 〈으変〉, (涙が)出る 나다)

② この映画(영화)は面白いですが結末(결말)がとても(아주)悲しいです。

(面白い 재미있다, 悲しい 슬프다 〈으変〉)

③ お休みになるとき(때)は明かり(불)を必ず(반드시)消してください。

(お休みになる 주무시다, 消す 끄다 〈으変〉, 〜てください 세요/으세요)

④ 今日(오늘)から毎日(매일)日記(일기)を書きます。(書く 쓰다)(겠を使って)(합니다体で)

⑤ 今年の(올)夏(여름)は気温(기온)がとても(아주)高いでしょう。

(高い 높다)(겠を使って)(합니다体で)

⑥ この公園(공원)は家(집)から遠いですがよく(자주)来ます。(遠い 멀다, 来る 오다)

⑦ 私(저)は背(키)が低いですが私の(제)弟(동생)は背がとても(아주)高いです。

((背が)低い 작다, (背が)高い 크다 〈으変〉)

⑧ 申し訳ありませんがもう(다시)一度(한번)話してください。

(申し訳ない 죄송하다, 話す(尊敬) 말씀하다)

冷麺(냉면)

第 8 課

■ 次の日本語を韓国朝鮮語に訳しなさい。特に指示のないときは，文末に해요体を使いなさい。

① 好きな歌手(가수)の歌(노래)を毎日(매일)聞きます。＊(好む(好きだ) 좋아하다，出る 나오다，
　聞く 듣다 〈ㄷ変〉) ＊ 좋아하다は動詞なので動詞の現在連体形を使う。

② 「ここにあった箱(박스)見ませんでしたか。＊」「私が(제가)車(차)に載せました。」
　(載せる 싣다 〈ㄷ変〉) ＊「見ませんでしたか」の部分は못を使う。

③ 「家(집)から駅(역)まで歩いてどのくらい(얼마나)かかりますか。」「15分くらい(정도)かかります。」
　　　　　　　　　　　　　　　　　(歩く 걷다 〈ㄷ変〉，かかる 걸리다)

④ 旅行に行っておいしい食べ物(음식)もたくさん食べ，写真(사진)もたくさん撮りました。
　　　　　　　　　　　　　　　　(旅行に行く 여행 가다，撮る 찍다)

⑤ 「約束の時間(약속 시간)が過ぎましたが友達(친구)が来ません。」「電話(전화)を掛けてみましょ
　うか。」　　　　　　　　(過ぎる 지나다，来る 오다，掛けてみる 걸어 보다)(ㄹ까요/을까요を使って)

⑥ 「たくさん食べ過ぎてお腹(배)がいっぱいです。」「それじゃあ(그럼)，ホテル(호텔)まで歩きま
　しょうか。」(たくさん〜しすぎる 너무 많이 〜，(お腹が)いっぱいだ 부르다 〈르変〉，歩く 걷다
　　　　　　　　　　　　　　　　　　　　　〈ㄷ変〉)(ㄹ까요/을까요を使って)

⑦ 彼女(여자 친구)の誕生日(생일)プレゼント(선물)に何がいいでしょうか。」
　　　　　　　　　　　　(〜に(として) 로/으로，よい 좋다)(ㄹ까요/을까요を使って)

⑧ お腹(배)が空いているなら先に(먼저)夕食(저녁)を食べてから映画(영화)を見ましょうか。＊
　(空いている 고프다 〈으変〉)(ㄹ까요/을까요を使って) ＊「食べてから」の部分は，〜고を使う。

■ 次の日本語を韓国朝鮮語に訳しなさい。特に指示のないときは，文末に**해요体**を使いなさい。

① <u>部屋</u>(방)が暗ければ<u>明かり</u>(불)を点けてください。

(暗い 어둡다 〈ㅂ変〉，点ける 켜다，～てください ～세요/으세요)

② <u>冬</u>(겨울)に<u>韓国</u>(한국)に行ったとき<u>すごく</u>(너무)寒くてびっくりしました。

(～たとき 連用形＋ㅆ을 때，寒い 춥다 〈ㅂ変〉，びっくりする 깜짝 놀라다)

③ <u>日本</u>(일본)の<u>夏</u>(여름)は暑くて<u>エアコン</u>(에어컨)がないと寝られません。

(暑い 덥다 〈ㅂ変〉，寝る 잠을 자다)

④ <u>ちょっと</u>(잠깐)休みたいです。ここに座ってもいいですよね。*

(休む 쉬다，座る 앉다)（지요を使って）＊ 지요のあとはクエスチョンマークを付ける。⑥も同じ。

⑤ 気に入らなければ3<u>日</u>(일)<u>以内</u>(이내)に交換なさってもよろしいです。*

(気に入る 마음에 들다，交換する 교환하다) ＊「気に入らなければ」の部分も尊敬形にする。

⑥ この<u>カルビ</u>(갈비)おいしいでしょ。この<u>店</u>(가게)はいつも(항상)待つ人が多いです。

(おいしい 맛있다，待つ 기다리다，多い 많다)（지요を使って）

⑦ <u>ここ</u>(여기)では<u>電話</u>(전화)を掛けてもいいですが<u>図書館</u>(도서관)の<u>中</u>(안)ではダメです。

(掛ける 걸다，ダメだ 안되다)

⑧ <u>晩ご飯</u>(저녁)を食べたけれども<u>お腹</u>(배)が減りました。ここにある<u>お菓子</u>(과자)を食べてもいい
ですか。* (食べる 먹다，(お腹が)減っている 고프다 〈으変〉)

＊「減りました」の部分は，過去形にせず連用形＋요の形で訳す。

第 10 課

■ 次の日本語を韓国朝鮮語に訳しなさい。特に指示のないときは，文末に**해요体**を使いなさい。

① 家が<u>全部</u>(다)できたら<u>必ず</u>(꼭)招待します。*（作る 짓다〈ㅅ変〉，招待する 초대하다）（ㄹ게요/
을게요を使って）＊「家が全部できたら」の部分は「家を全部作れば」と訳す。

② 週末(주말)に<u>十分</u>(푹)休んだので<u>風邪</u>(감기)がほとんど(거의 다)治ったようです。*
（休む 쉬다，治る 낫다〈ㅅ変〉）＊「休んだので」の部分は～아서/어서を使う。

③ <u>昨日の夜</u>(어젯밤)<u>ラーメン</u>(라면)を食べて寝たので<u>顔</u>(얼굴)がむくみました。*
（寝る 자다，むくむ 붓다〈ㅅ変〉）＊「昨日の夜に」と訳す。「寝たので」の部分は～아서/어서を使う。

④ 塩(소금)を<u>たくさん</u>(많이)入れないでください。<u>身体</u>(몸)に良くありません。
（入れる 넣다，良い 좋다）（지 마세요を使って）

⑤ <u>勉強</u>(공부)が大変ならば<u>アルバイト</u>(아르바이트)をたくさんしすぎないようにしなさい。*
（大変だ 힘들다，たくさん～すぎる 너무 많이 ～，する 하다）（지 마세요を使って）
＊「ないようにしなさい」の部分に지 마세요を使う。

⑥ 暗い<u>部屋</u>(방)で<u>本</u>(책)を読まないようにしなさい。
（暗い 어둡다〈ㅂ〉変，読む 읽다）（지 마세요を使って）

⑦ 洗濯(빨래)をしてください。<u>皿</u>(접시)は<u>私が</u>(제가)洗います。
（～てください ～세요/으세요，する 하다，(皿を)洗う 닦다）（ㄹ게요/을게요を使って）

⑧ 足(다리)が痛くて歩けません。（겠を使って）<u>少しの間</u>(잠시만)<u>ここ</u>(여기)に座ります。
（痛い 아프다〈으変〉，歩く 걷다〈ㄷ変〉，座る 앉다）（ㄹ게요/을게요を使って）

韓国朝鮮語－日本語索引

ㅂ시다(母幹, ㄹ幹+)	～しましょう	75
바나나	バナナ	13
바쁘다〈으変〉	忙しい	44
박물관	[博物館]	20
박스	箱	95
밖	外	70
반	半分,[半]	34
반갑습니다.	(お目にかかれて)うれしいです。	78
반납하다	返す,返却する,[返納]する	16
반드시	必ず	94
받다	受け取る,受ける	3
발음	[発音]	58
밝다	明るい	26
밤	夜	69
밥	ご飯	46
방	部屋	17
방학	(学校の長期の)休み	48
배	お腹	50
배우	[俳優]	16
배우다	学ぶ,習う	25
백두산	[白頭山]	23
백성	民	70
백화점	デパート,[百貨店]	13
버리다(連+)	～てしまう	76
버스	バス	92
벌써	もう,すでに	40
법원	裁判所	71
벗다	脱ぐ	65
벚꽃	サクラ	46
별로	別に,それほど	20
병	病気	71
병원	[病院]	4
보내다	過ごす;送る	48
보다	見る;(試験を)受ける	3
보다	～より	26,77
보다(連+)	～てみる	22,76
보이다	見える	8
보통	[普通]	88
볶음밥	炒飯,炒めご飯	53
볼일	用事	80
볼펜	ボールペン	90
봄	春	46
부르다〈르変〉	歌う,呼ぶ	15
부르다〈르変〉	(お腹が)いっぱいだ	50
부모님	(ご)両親	20
부산	プサン,[釜山]	76
부족	[不足]	43

부터	～から	17
분	方(かた)	5
불	明かり,火	63
불고기	プルコギ	54
불고기집	プルコギの店	41
불꽃	花火	82
불꽃놀이	花火大会	87
불다	吹く,ふくらませる	12
불편(하다)	[不便](だ)	43
붓다〈ㅅ変〉	腫れる;注ぐ	65
비	雨	17
비밀번호	暗証番号,[秘密番号]	71
비슷하다	似ている	87
비싸다	(値段が)高い	23
비원	[秘苑]	54
비행기	[飛行機]	40
빈대떡	ピンデトク	79
빌리다	借りる	8
빠르다〈르変〉	速い,早い	37
빨갛다〈ㅎ変〉	赤い	72
빨래	洗濯	88
빵	パン	88
빼앗다	奪う	70
뽑다	抜く	59
뿐	～だけ	17

ㅅ

ㅅ(시옷)変則用言	ㅅ(시옷)変則用言	65
사거리	交差点	41
사고가 나다	[事故]が起こる	33
사극	[史劇],時代劇	56
사다	買う	13
사람	人;～人	7
사랑하다	愛する	57
사생활	プライバシー,[私生活]	71
사이즈	サイズ	22
사이클링	サイクリング	68
사전	[辞典],辞書	58
사진	[写真]	12
산	[山(やま)]	23
살	～歳	36
살다	住む,暮らす;生きる	3
살이 빠지다	やせる	49
삼거리	三叉路	41
삼겹살	サムギョプサル	54
상담하다	[相談]する	71
상의하다	相談する	71
상자	箱	52

상품	[商品]	69
새로	新しく	64
색	[色]	26
생각	考え,思い,つもり	16
생강차	生姜茶	14
생기다	できる,生じる	79
생일	誕生日	95
샤워	シャワー	53
서	～で,から(에서の縮約形)	15
서(連+)	～て,ので	32
서두르다〈르変〉	急ぐ	93
서로	お互いに	56
서울	ソウル	6
서울 시내	ソウル市内	93
서울타워	ソウルタワー,南山タワー	54
서점	[書店],本屋	41
서클	サークル	2
선	[線]	66
선물	プレゼント,贈り物	11
선물하다	プレゼントする	48
선배	先輩	7
선생님	先生	5
성격	[性格]	81
성함	お名前(이름の尊敬)	45
성형외과	美容整形外科,[成形外科]	71
세상	世の中	70
세수를 하다	顔を洗う	52
세요(母幹,ㄹ幹+)	～されます(か);～てください	16
세종	[世宗]	28
세종대왕	[世宗大王]	28
셨(母幹,ㄹ幹+)	～された(尊敬過去)	8,9
소금	塩	97
소리	声;音	63
소설	[小説]	8
소식	知らせ	11
속	中	77
속도	[速度]	37
손님	お客さん	92
솔직하다	正直だ,[率直]だ	71
쇼핑	買い物	21
쇼핑몰	ショッピングモール	85
쇼핑(을) 하다	買い物する	13
수도	[首都]	91
수술	[手術]	71
수업	[授業]	2
수영	[水泳]	54
수원	[水原]	70
숙박하다	[宿泊]する,泊まる	13

술	酒	36	아 버리다(幹+)	～てしまう	76	어	おっ	79
쉬다	休む	53	아 보다(幹+)	～てみる	76	어 드리다(幹+)	お(ご)～する,～てさしあげる	76
쉽다〈ㅂ変〉	易しい	60	아 있다(幹+)	～ている	57,76	어 버리다(幹+)	～てしまう	76
스무	二十の	63	아 주다(幹+)	～てくれる,～てあげる	60,76	어 보다(幹+)	～てみる	22,76
스카이트리	スカイツリー	84	아 주시다(幹+)	～てくださる	76	어 있다(幹+)	～ている	76
스키	スキー	21	아기	子供,赤ん坊	65	어 주다(幹+)	～てくれる,～てあげる	76
스키야키	すき焼き	88	아까	さっき	11	어 주시다(幹+)	～てくださる	76
스펙쌓기	スペック積み	20	아뇨	いいえ	44	어도 되다(幹+)	～てもよい	61
슬프다〈으変〉	悲しい	68	아니요	いいえ	2	어둡다〈ㅂ変〉	暗い	63
습관	[習慣]	89	아도 되다(幹+)	～てもよい	61	어디	どこ	2
습니까(子幹+)	～ますか,ですか	3	아르바이트	アルバイト	48	어디서	どこで,どこから(어디에서	15
습니다(子幹+)	～ます,です	2,3	아름답다〈ㅂ変〉	美しい	60		の縮約形)	
시	～[時]	55	아무도	誰も	33	어때요	どうですか	36
시간	[時間];～[時間]	33	아무래도	どうも	92	어떤	どんな	53
시계	[時計]	13	아버님	お父さん,お父様	88	어떻게	どのように,どう	87
시끄럽다〈ㅂ変〉	やかましい,うるさい	63	아버지	父,お父さん	57	어떻다〈ㅎ変〉	どうだ	72
시내	[市内]	76	아서(幹+)	～て,ので	32	어렵다〈ㅂ変〉	難しい	58
시네마	映画館	12	아야 되다(幹+)	～なければいけない	77	어리다	小さい,幼い	22
시원하다	涼しい,すっとする	9	아요(幹+)	～ます(か),です(か)	2	어머니	お母さん	13
시작하다	始める;始まる	35	아이	子供	56	어서(幹+)	～て,ので	32
시험	[試験]	12	아주	とても,大変	8	어요(幹+)	～ます(か),です(か)	2
신고	通報	71	아직	まだ	12	어제	昨日	8
신기하다	不思議だ	56	아직도	まだ	48	어젯밤	昨日の夜	97
신다	履く	17	아침	朝;朝ご飯	13	언니	(妹から)姉	88
신발	靴,履き物	62	아파트	マンション	27	언제	いつ	34
신종 풀루	インフルエンザ	71	아프다〈으変〉	痛い	24	언제나	いつも	93
신촌	シンチョン,[新村]	54	안	～ない	6	얻다	得る	51
신학기	[新学期]	87	안	中	33	얼굴	顔	86
신호	[信号]	41	안 되다	だめだ	62	얼른	すぐに	68
싣다〈ㄷ変〉	載せる	51	안내하다	[案内]する	78	얼마	いくら	61
싫어하다	嫌う,嫌いだ	18	안색	[顔色]	44	얼마나	どのくらい	95
심다	植える	21	안전하다	[安全]だ	27	없다	ない,いない	10
십니까(母幹,ㄹ幹+)	お～になりますか	2,5	앉다	座る	38	없어지다	なくなる	90
십니다(母幹,ㄹ幹+)	お～になります	2,5	알겠습니다.	わかりました,かしこまりました	44	었(幹+)	～た	8,9
ㅆ(連+)	～た	8,9	알다	知る,わかる	5	에	～に	2
ㅆ습니까(連+)	～ましたか,でしたか	8,9	알리다	知らせる	76	에 대해	～について	71
ㅆ습니다(連+)	～ました,でした	8,9	았(幹+)	～た	8,9	에게	～に	11
ㅆ을 때(連+)	～したとき	96	앞	前	66	에서	～で;～から	8
싸다	安い	26	앞으로	これから	64	에어컨	エアコン	58
쓰다〈으変〉	書く	26	야 되다(連+)	～なければいけない	77	엔	～には(에는の縮約形)	15
쓰다〈으変〉	使う	61	야구	[野球]	21	여 드리다(幹+)	お(ご)～する,～てさしあげる	76
쓰이다	書かれる	42	야구장	[野球場]	21	여 버리다(幹+)	～てしまう	76
씨	～さん	2	약	[薬]	49	여 보다(幹+)	～てみる	76
씹다	噛む	59	약간	少し,[若干]	47	여 있다(幹+)	～ている	76
씻다	洗う	65	약속	[約束]	33	여 주다(幹+)	～てやる,てくれる	76
			약을 먹다	薬を飲む	49	여 주시다(幹+)	～てくださる	76
○			양말	靴下	17	여권	パスポート,[旅券]	6
아 드리다(幹+)	お(ご)～する,～てさしあげる	76	양반	両班	70			

韓国語	日本語	頁
여기	ここ	10
여기서	ここで,ここから(여기에서の縮約形)	15
여기요!	すみません!	44
여도 되다(幹+)	～てもよい	61
여동생	妹	12
여름	夏	52
여름방학	夏休み	21
여서(幹+)	～て,ので	32
여야 되다(幹+)	～なければいけない	77
여자 친구	彼女	95
여행(을) 가다	[旅行]に行く	21
역	[駅]	50
역사	[歴史]	77
역사학	[歴史学]	40
연구하다	[研究]する	7
연락(하다)	[連絡](する)	64
연락처	連絡先	93
연휴	[連休]	90
열	熱	34
열다	開ける	32
열두	十二の	69
열심히	[熱心]に,一生懸命	17
열이 나다	[熱]が出る	35
염색하다	カラーリングする	71
영어	[英語]	21
영어학원	[英語]学校	21
영화	[映画]	8
영화관	[映画館]	12
옆	横,隣	80
옆자리	隣の席	61
예쁘다<으変>	きれいだ,かわいい	23
예상	[予想]	38
예요(母終+)	～です	12
예전	昔,ずっと前	20
예정	[予定]	17
오늘	今日	2
오다	来る;降る	5
오래	長い間,長く	30
오랜만에	久しぶりに	82
오랜만이에요.	お久しぶりです。	79
오른쪽	右,右側	41
오코노미야키	お好み焼き	15
오후	[午後]	47
온돌	オンドル	62
온돌방	オンドル部屋	14
올	今年の	94
올라가다	上がる,上がっていく,登る	21
올림픽	オリンピック	56
옷	服	32
와	わあ	79
와사비	わさび	86
왜	なぜ	35
왼쪽	左,左側	41
요	～です	36,40
요(連+)	～ますです	2
요리	[料理]	7
요즘	最近	55
우리	私たち,我々;うちの	27
우산	傘	73
운동	[運動]	54
울다	泣く	10
웃다	笑う	10
월급	給料,[月給]	71
위	上	16
위험하다	危ない,[危険]だ	38
유럽	ヨーロッパ	21
유명하다	[有名]だ	30
유원지	[遊園地]	24
유자차	柚子茶	14
유학(을) 가다	[留学]に行く	20
유학생	[留学生]	6
유행하다	[流行]する	29
으니까(子幹+)	～から,ので;～と	73
으러 가다 (오다)(子幹+)	～しに行く(来る)	62
으려고(子幹+)	～しようと	74
으로(子終+)	～へ;～で;～として	41
으変則用言	으変則用言	45
으면 좋겠다(子幹+)	～ればいい	84
으면(子幹+)	～れば,と,たら	38
으세요(子幹+)	～されます(か);～てください	16
으셨(子幹+)	～された	9
으십니까(子幹+)	お～になりますか	2,5
으십니다(子幹+)	お～になります	5
은(子幹+)	～した～;～な～	11,23
은(子終+)	～は	2
은 적이 있다 (없다)(子幹+)	～したことがある(ない)	15
은데(子幹+)	～が	73
은데요(子幹+)	～ですが	74
은행	[銀行]	41
을 거예요 (子幹+)	～でしょう(을 것이예요の縮約形)	19
을 겁니다 (子幹+)	～でしょう(을 것입니다の縮約形)	19
을 것이다(子幹+)	～だろう,はずだ,つもりだ	19
을 모르다	～がわからない	93
을 수 있다(없다)(子幹+)	～することができる(できない)	39
을 잘하다(子終+)	～が上手だ,うまい	7
을 좋아하다(子終+)	～が好きだ	7
을(子幹+)	～する～,～な～	17,24
을(子終+)	～を	8
을게요(子幹+)	～します	67
을까요(子幹+)	～ますか(ですか),ましょうか,ませんか	53
음식	食べ物,料理	10
음악	[音楽]	26
읍시다(子幹+)	～しましょう	75
의	～の	77
의논하다	[議論]する,相談する	71
의사	医者,[医師]	9
의자	[椅子]	57
이	この	7
이	歯	46
이 되다(子終+)	～になる	68
이 아니다(子終+)	～ではない	4
이(子終+)	～が	2
이거	これ(이것の縮約形)	15
이것	これ	15
이게	これが(이것이の縮約形)	13
이나(子終+)	～も	81
이내	～[以内]	96
이다	～だ	4
이라고 하다(子終+)	～と言う	78
이라도(子終+)	～でも	79
이랑(子終+)	～と	87
이르다<러変>	至る	46
이르다<르変>	言う;早い	73
이름	名前	65
이미	もう,すでに	57
이번	今度の	86
이번 주	今週	19
이사	引っ越し	33
이사(를) 하다	引っ越しする	62
이상하다	変だ,おかしい	28
이야기	話	51
이에요(子終+)	～です	12
이유	[理由]	24
이제	もう,今や	64
이쪽	こちら	46
인분	～[人分],～人前	44
인사	挨拶	36

인사동	[仁寺洞]	54	잠시	少し(の時間)	15	좋다	よい	15
인삼차	[人参茶]	47	잠시만	ちょっとの間	97	좋아하다	好む,好きだ	8
인천	インチョン,[仁川]	6	잠을 자다	寝る	96	죄송하다	すまない	48
일	[一]	7	잡다	捕まえる,つかむ	59	죠(幹+)	～ましょう(지요の縮約形)	61
일	仕事;こと	19	장갑	手袋	14	주다	与える,あげる,くれる	13
일	～[日]	96	장소	[場所]	82	주다(連+)	～てくれる、～てあげる	60,76
일기	[日記]	94	재미있다	面白い	8	주말	[週末]	16
일본	[日本]	7	저	あの	27	주몽	朱蒙(ドラマのタイトル)	56
일본식	[日本式]	79	저건	あれは(저것은の縮約形)	81	주무시다	お休みになる（자다の尊	94
일본어	[日本語]	89	저것	あれ	27		敬形)	
일요일	[日曜日]	11	저기	あそこ	8	주소	[住所]	38
일주일	1週間	66	저기요.	すみません。	85	주스	ジュース	93
일찍	早く	85	저녁	夕方;晩ご飯,夕食	33	주시다(幹+)	～てくださる	76
읽다	読む	12	저희	私たちの;私の	79	준비	[準備]	20
잃어버리다	なくす,なくしてしまう	35	적다	少ない	23	줄	列	25
임금님	王様	70	전	チヂミ	42	줄이다	小さくする,減らす	63
임신부	妊婦,妊産婦	71	전	[前]	56	중	～[中]	76
입니까	～ですか	4	전	私は(저는の縮約形)	15	중요성	[重要性]	77
입니다	～です	4	전라도	[全羅道]	70	중학교	[中学校]	13
입다	着る	10	전부 다	全部	89	즐겁다〈ㅂ変〉	楽しい	86
입에 맞다	口に合う	89	전철	電車	49	지 마세요(幹+)	～ないでください	64,66
입회	[入会]	71	전통차	[伝統茶]	55	지 마십시오(幹+)	～ないでください	66
잇다〈ㅅ変〉	つなぐ	65	전혀	全く,全然	83	지 못하다(幹+)	～できない	39
있다	ある,いる	2	전화(하다)	[電話](する)	26	지 않다(幹+)	～ない	3
있다(連+)	～ている	57,76	절	私を(저를の縮約形)	15	지갑	財布	35
잊어버리다	忘れる,忘れてしまう	76	점	[点]	66	지금	今	8
			점심	昼ご飯	25	지나다	過ぎる	95
	ㅈ		접시	皿	86	지내다	過ごす	79
자	さあ	79	젓가락	箸	27	지다	負ける	65
자가용	[自家用]	40	정도	[程度],～くらい	34	지도	[地図]	26
자기	自分	56	정말	本当に	30	지만(幹+)	～が,けれども	47
자다	寝る	9	정중	丁寧	71	지요(幹+)	～です(よ)ね,ます(よ)ね;～	58,61
자동차	[自動車],車	27	정직하다	[正直]だ	71		ましょう;～ますか,ですか	
자르다〈르変〉	切る	38	정형외과	[整形外科]	71	지저분하다	散らかっている	68
자세하다	詳しい	26	제	私;私の	7	지하철	[地下鉄]	85
자원봉사	ボランティア	71	제가	私が	78	지하철역	[地下鉄駅]	85
자전거	[自転車]	43	제게	私に(저에게の縮約形)	29	직접	[直接]	92
자존심	プライド,[自尊心]	71	제일	一番	23	진달래	ヤマツツジ	46
자주	よく,しばしば	13	제출 날짜	提出日	93	진동	マナーモード,[振動]	71
작년	去年,[昨年]	13	조금	少し	30	진로	[進路]	71
작다	小さい	22	조깅(을) 하다	ジョギングをする	49	진짜	本当に;本物	83
잔	～杯	55	조선글	朝鮮文字	42	질문	[質問]	39
잘	うまく,よく;元気に	16	조심하다	気をつける,注意する	58	짐	荷物	52
잘 맞다	ぴったりだ	34	조용하다	静かだ	91	집	家;店	17
잘 부탁하다	よろしくお願いする	81	졸업	[卒業]	20	집다	つまむ	59
잘하다	上手だ,うまい	26	좀	ちょっと	47	집주인	家主	71
잠깐	少し(の間),ちょっと	53	좀 더	もう少し	22	짓다〈ㅅ変〉	作る,建てる	64
잠깐만	少し(の間)	85	좁다	狭い	23	짜다	塩辛い	33

日本語－韓国朝鮮語単語集

あ

日本語	韓国朝鮮語
挨拶	인사
愛する	사랑하다
間	동안
会う	만나다
合う	맞다
青い	파랗다〈ㅎ変〉,푸르다〈러変〉
赤い	빨갛다〈ㅎ変〉
上がっていく	올라가다
明かり	불
上がる	올라가다,올라오다
明るい	밝다
赤ん坊	아기
秋	가을
開ける	열다
あげる	주다
朝	아침
朝ご飯	아침
あさって	모레
足	발,다리
味	맛
明日	내일
あそこ	저기
遊び	놀이
遊ぶ	놀다
与える	주다
暖かい,温かい	따뜻하다
頭	머리
新しく	새로
当たる	맞다
暑い	덥다〈ㅂ変〉
集まり	모임
兄	형(弟から),오빠(妹から)
姉	누나(弟から),언니(妹から)
あの	저
危ない	위험하다
甘い	달다
あまりに	너무
編みもの	뜨개질
雨	비
アメリカ	미국
洗う	씻다,(皿を)닦다
有り難い	고맙다〈ㅂ変〉
ありがとうございます。	고맙습니다.
ある	있다
歩く	걷다〈ㄷ変〉
アルバイト	아르바이트

日本語	韓国朝鮮語
あれ	저것
あれは	저건
合わせる	맞추다
暗証番号	비밀번호
安全だ	안전하다
案内する	안내하다
いいえ	아니요,아뇨
言う	말하다
家	집
家主	집주인
生きる	살다
行く	가다
いくら	얼마
医師,医者	의사
椅子	의자
忙しい	바쁘다〈으変〉
急ぐ	서두르다〈르変〉
痛い	아프다〈으変〉
至る	이르다〈러変〉
一	일,하나,한
一度	한번
一番	제일
いつ	언제
一週間	일주일
一生懸命	열심히
一緒に	같이,함께
行ってくる	다녀오다
(お腹が)いっぱいだ	부르다〈르変〉
いつも	언제나,항상
いない	없다
～以内	이내
今	지금
今や	이제
意味	뜻,의미
妹	여동생,동생
いらっしゃる	계시다
いる	있다
入れる	넣다
色	색
インチョン(仁川)	인천
インフルエンザ	독감,신종 풀루
上	위
植える	심다
受け取る,受ける	받다
後ろ	뒤
歌	노래
歌う	부르다〈르変〉
うちの	우리

日本語	韓国朝鮮語
打つ	치다
美しい	아름답다〈ㅂ変〉,곱다〈ㅂ変〉
器	그릇
腕	팔
奪う	빼앗다
うまい	잘하다
うまく	잘
生まれる	태어나다
産む	낳다
埋める	묻다
売る	팔다
うれしい	기쁘다〈으変〉
(お目にかかれて)うれしいです。	반갑습니다.
運転手	기사
運動	운동
絵	그림
エアコン	에어컨
映画	영화
映画館	영화관,극장,시네마
英語	영어
英語学校	영어학원
ええ	네
駅	역
エコ	친환경
絵本	그림책
選ぶ	고르다〈르変〉
得る	얻다
お(ご)～する	드리다(連+),아/어/여 드리다(幹+)
お～になります	십니다(母幹,ㄹ幹+)/으십니다(子幹+)
お～になりますか	십니까(母幹,ㄹ幹+)/으십니까(子幹+)
おいしい	맛(이) 있다
おいしく	맛있게
おいしくない	맛(이) 없다
王様	임금님
多い	많다
大きい	크다〈으変〉
大勢	많이
お母さん	어머니,어머님
おかげで	덕분에
お金	돈
お客さん	손님
置く	놓다
贈り物	선물
送る	보내다

遅れる	늦다	買い物	쇼핑	カラーリングする	염색하다
お言葉	말씀	買い物する	쇼핑(을) 하다	(唐辛子)辛い	맵다〈ㅂ変〉
幼い	어리다	買う	사다	カラオケ	노래방
教える	가르치다	～がうまい	를 잘하다(母終+)/을 잘하다(子終+)	身体	몸
押す	밀다			借りる	빌리다
遅い	늦다,느리다	返す	반납하다	カルビ	갈비
お互いに	서로	帰って行く	돌아가다	カルビの店	갈비집
お茶	차	帰って来る	돌아오다	川	강
落ちる	떨어지다	帰る	돌아가다,돌아오다	きれいだ,かわいい	예쁘다〈으変〉
おっ	어	顔	얼굴	～がわからない	를 모르다(母終+)/을 모르다(子終+)
音	소리	顔色	안색		
お父さん	아버지,아버님	顔を洗う	세수를 하다	(のどが)乾く	마르다〈르変〉
弟	남동생,동생	価格	가격	代わりに	대신
男	남자	かかる	걸리다	変わる	달라지다
おととい	그저께	書かれる	쓰이다	考え	생각
お腹	배	かき氷	팥빙수	韓国	한국
お名前	성함	書く	쓰다〈으変〉	韓国語,韓国朝鮮語	한국어,한국말
おばあさん	할머니	学習	학습	韓国人	한국 사람,한국인
お話しする	말씀하다	学生	학생	感謝する	감사하다
お話しになる	말씀하시다	掛ける	걸다	簡単だ	간단하다
お久しぶりです。	오랜만이에요.	傘	우산	韓服	한복
おまえ	너	菓子	과자	黄色い	노랗다〈ㅎ変〉
おまえが	네가	かしこまりました。	알겠습니다.	気温	기온
おまえに	너에게,네게	歌手	가수	聞く	듣다〈ㄷ変〉,묻다〈ㄷ変〉
おまえの	네	～が上手だ	를 잘하다(母終+)/을 잘하다(子終+)	危険だ	위험하다
お祭り	축제			帰国	귀국
重い	무겁다〈ㅂ変〉	～が好きだ	를 좋아하다(母終+)/을 좋아하다(子終+)	寄宿舎	기숙사
思い	생각			期待される	기대되다
思い出	추억	風邪	감기	気づく	깨닫다〈ㄷ変〉
面白い	재미있다	風邪薬	감기약	喫茶店	카페
お休みになる	주무시다	風邪を引く(にかかる)	감기에 걸리다	きっと	꼭
降りる	내리다	家族	가족	気に入る	마음에 들다
オリンピック	올림픽	方(かた)	분	昨日	어제
下ろす	내리다;(お金を)찾다	片付ける	치우다	昨日の夜	어젯밤
終わる	끝나다	学校	학교	気分	기분
音楽	음악	悲しい	슬프다〈으変〉	気分がよい	기분이 좋다
オンドル	온돌	必ず	꼭,반드시	君	너
		加入	가입	キムチ	김치
	か		彼女	여자 친구	キムチチゲ	김치찌개
～が	가(母終+)/이(子終+),께서(尊敬)	カバン	가방	気持ち	기분
		カフェ	카페	キャンパス	캠퍼스
～が	지만(幹+);는데(幹+),ㄴ데(母幹+,ㄹ幹+)/은데(子幹+)	髪	머리	休暇	휴가
		噛む	씹다	給料,月給	월급,급료
カーネーション	카네이션	カメラ	카메라	今日	오늘
会合	모임	通う	다니다	教会	교회
会社	회사	～から	니까(母幹+,ㄹ幹+)/으니까(子幹+)	教室	교실
会社員	회사원			去年	작년
回転寿司	회전 초밥	～から	에서;부터	嫌いだ	싫어하다,싫다

嫌う	싫어하다	コインカラオケ	코인노래방	最近	요즘
着る	입다	公園	공원	サイクリング	사이클링
切る	자르다〈르変〉	合格する	합격하다	最後	마지막
きれいだ	예쁘다〈으変〉;맑다;깨끗하다	交換する	교환하다	最初	첫번째
議論する	의논하다	高校	고등학교	サイズ	사이즈
気をつける	조심하다	合コン	미팅	裁判官	판사
禁煙	금연	交差点	사거리	裁判所	법원
銀行	은행	講習	강습	財布	지갑
近所	근처	後輩	후배	探す	찾다
緊張する	긴장하다	声	소리	先に	먼저
金曜日	금요일	コート	코트	咲く	피다
〜く	게(幹+)	コーヒー	커피	昨年	작년
薬	약	故郷	고향	サクラ	벚꽃
薬を飲む	약을 먹다	ここ	여기	酒	술
口に合う	입에 맞다	午後	오후	差し上げる	드리다
靴	구두,신발	ここから	여기에서,여기서	〜冊	권
靴下	양말	ここで	여기에서,여기서	撮影禁止	촬영금지
国	나라	心	마음	サッカー	축구
〜くらい	정도;만큼	コスモス	코스모스	さっき	아까
暗い	어둡다〈ㅂ変〉	こちら	이쪽	さて	글쎄요
暮らす	살다	こと	것,거;일	寒い	춥다〈ㅂ変〉
来る	오다	〜ことができる(で きない)	ㄹ 수 있다(없다)(母幹+,ㄹ幹+)/을 수 있다(없다)(子幹+)	サムギョプサル	삼겹살
苦しい	힘들다			皿	접시
車	차,자동차	今年の	올	〜された(尊敬過去)	셨(母幹,ㄹ幹+)/으셨(子幹+)
くれる	주다	異なっている	다르다〈르変〉	〜されます(か)	세요(母幹,ㄹ幹+)/으세요(子幹+)
詳しい	자세하다	ことは	건		
訓民正音	훈민정음	言葉遊び	말놀이	騒ぐ	떠들다
計画	계획	子供	아이,아기	触る	만지다
警察署	경찰서	ことを	걸	〜さん	씨
継続	계속	この	이	参加する	참가하다
携帯電話	핸드폰	この間	그동안	三叉路	삼거리
ケーキ	케이크	好む	좋아하다	〜時	시
KTX	케이티엑스(KTX)	ご飯	밥	塩	소금
ゲーム	게임	(道が)混む	막히다	塩辛い	짜다
劇場	극장	これ	이것,이거	自家用	자가용
消す	끄다〈으変〉	これが	이게	時間	시간
結果	결과	これから	앞으로	試験	시험
月給	월급	今週	이번 주	事故が起こる	사고가 나다
結局	결국	今度	다음에	仕事	일
結婚する	결혼하다	今度の	이번	辞書	사전
結末	결말	コンビニエンスストア	편의점	静かだ	조용하다
けれども	지만(幹+)			私生活	사생활
元気に	잘		さ	自尊心	자존심
研究する	연구하다	さあ	자	時代劇	사극
謙虚だ	겸손하다,검허하다	さあ	글쎄요	従う	따르다〈으変〉
建設会社	건설회사	サークル	서클	親しい	친하다
〜個	개	〜歳	살	実に	참
〜後	후			質問	질문

辞典	사전	親切だ	친절하다	先輩	선배,선배님
自転車	자전거	新村	신촌	全部	다,전부,전부 다
自動車	자동차,차	心配する	걱정하다	掃除(する)	청소(하다)
市内	시내	心配になる	걱정되다	そうだ	그렇다<ㅎ変>
品物	물건	進路	진로	～そうだ	것 같다
しばしば	자주	水泳	수영	相談する	상의하다,상담하다,의논하다
支払う	치르다<으変>	(タバコを)吸う	피우다	そうです(か)	그래요
自分	자기	スープ	국	ソウル	서울
閉める	닫다	スカート	치마	ソウル市内	서울 시내
じゃあ	그럼	スカイツリー	스카이트리	速度	속도
写真	사진	スキー	스키	そこ	거기
若干	약간	好きだ	좋아하다	そこで	거기에서,거기서
シャワー	샤워	過ぎる	지나다	そこから	거기에서,거기서
習慣	습관	少ない	적다	注ぐ	붓다<ㅅ変>
住所	주소	すぐに	곧,금방,얼른	育てる	기르다<르変>
就職	취직	すぐれている,治る	낫다<ㅅ変>	卒業	졸업
ジュース	주스	すごく	너무	率直だ	솔직하다
十二の	열두	少し	조금,좀,약간	外	밖
十分	푹	少し(の間)	잠깐,잠깐만,잠시	その	그
週末	주말	過ごす	보내다,지내다	空	하늘
重要性	중요성	寿司	초밥	それ	그것,그거
授業	수업	涼しい	시원하다	それで	그래서
宿泊する	숙박하다	ずっと	계속	それでは	그럼
手術	수술	すっとする	시원하다	それでも	그래도
首都	수도	ずっと前	예전	それほど	별로
趣味	취미	もう,すでに	벌써,이미		
準備	준비	すべて	다		
生姜茶	생강차	すまない	미안하다,죄송하다		
小学校	초등학교	すみません！	여기요!,저기요!		
正直だ	솔직하다,정직하다	住む	살다		
生じる	나다,생기다	～する～	는(幹+);ㄹ(母幹,ㄹ幹+)/을(子幹)		
上手だ	잘하다	する	하다;치다(テニスを)		
小説	소설	～する(つもりだ)	겠(幹+)		
招待する	초대하다	座る	앉다		
商品	상품	澄んでいる	맑다		
ジョギングをする	조깅(을) 하다	背	키		
ショッピングモール	쇼핑몰	性格	성격		
書店	서점	整形外科	정형외과		
初等学校	초등학교	清潔だ	깨끗하다		
知らせ	소식	清掃(する)	청소(하다)		
知らせる	알리다	(学校の)制服	교복		
知らない	모르다<르変>	咳が出る	기침이 나다(나오다)		
汁	국	狭い	좁다		
知る	알다	線	선		
白い	하얗다<ㅎ変>	先生	선생님		
新学期	신학기	全然	전혀		
信号	신호	洗濯	빨래		
信じる	믿다				

	た	
～た～	ㄴ (母幹,ㄹ幹+)/은(子幹+);던(幹+)
～た	ㅆ(連+),았/었/였(幹+)
～だ	이다
～(し)たい	고 싶다(幹+)
ダイエット	다이어트
大学	대학
大学院生	대학원생
大学生	대학생
大丈夫だ	괜찮다
大変	아주
大変だ	힘들다
高い	높다(高さ);크다(背);비싸다(値段)
たくさん	많이
たくさん～しすぎる	너무 많이 ～
タクシー	택시
～だけ	만,뿐
～たことがある(ない)	ㄴ 적이 있다(없다)(母幹,ㄹ幹+)/은 적이 있다(없다)(子幹+)

出す	내다	次に	다음에	~です	ㅂ니다(母幹,ㄹ幹+)/습니다(子幹+),요(連+),아요/어요/여요(幹+);입니다,에요(母終+)/이에요(子終+)
尋ねてみる	물어보다	着く	도착하다,닿다		
尋ねる	묻다〈ㄷ変〉;찾다	机	책상		
~たち	들	作る	만들다,짓다〈ㅅ変〉		
立ち寄る	들르다〈으変〉	(スイッチを)付ける	켜다	~です	요
発つ	떠나다	つづり	맞춤법	~です(よ)ね	지요(幹+)
建物	건물	つなぐ	잇다〈ㅅ変〉	~ですか	ㅂ니까(母幹,ㄹ幹+)/습니까(子幹+),요(連+),아요/어요/여요(幹+);입니까,에요(母終+)/이에요(子終+);지요(幹+)
~たとき	ㅆ을 때(連+)	つまむ	집다		
楽しい	즐겁다〈ㅂ変〉	つもりだ	ㄹ 것이다(母幹,ㄹ幹+)/을 것이다(子幹+)		
楽しみだ	기대되다				
タバコ	담배	~て	고(幹+);서(連+),아서/어서/여서(幹+)	~ですが	ㄴ데요(母幹,ㄹ幹+)/은데요(子幹+);는데요(幹+)
食べ物	음식				
食べる	먹다	~で	에서(場所),로(母終,ㄹ終+)/으로(子終+)(手段・方法)	~ですね(え)	네요(幹+)
民	백성			手伝う	돕다〈ㅂ変〉
だめだ	안 되다	~てあげる	주다(連+),아/어/여 주다(幹+)	出てくる	나오다
~たら	면(母幹,ㄹ幹+)/으면(子幹+)			テニスをする	테니스를 치다
足りない	모자라다	提出日	제출 날짜	では	그럼
誰	누구	~ていた~	던(幹+)	デパート	백화점
誰が	누가	程度	정도	~ではない	가 아니다(母終+)/이 아니다(子終+)
誰も	아무도	丁寧	정중		
~だろう	ㄹ 것이다(母幹,ㄹ幹+)/을 것이다(子幹+),겠(幹+)	~ていらっしゃる	고 계시다(幹+)	手袋	장갑
		~ている	고 있다(幹+);있다(連+),아/어/여 있다(幹+)	~てみる	보다(連+),아/어/여 보다(幹+)
単語	단어			~でも	라도(母終+)/이라도(子終+)
誕生日	생일	~ている~	는(幹+)	でも	그래도
小さい	작다;어리다	テーブル	테이블	~てもよい	도 되다(連+),아도/어도,여도 되다(幹+)
小さくする	줄이다	手紙	편지		
近い	가깝다〈ㅂ変〉	手紙を送る	편지하다	~てやる	주다(連+),아/어/여 주다(幹+)
近く	근처	~できない	지 못하다(幹+),못		
違っている	다르다〈르変〉	(試験が)できない	못 보다	出る	나가다,나오다,나다
地下鉄	지하철	(試験が)できる	잘 보다	テレビ	텔레비전
地下鉄駅	지하철역	できる	생기다	点	점
地図	지도	~てください	세요(母幹,ㄹ幹+)/으세요(子幹+)	天気	날씨
チヂミ	전			電車	전철
父	아버지	~てくださる	주시다(幹+),아/어/여 주시다(幹+)	電話(する)	전화(하다)
チマ	치마			~と	와(母終+)/과(子終+),하고,랑(母終+)/이랑(子終+)
~中	중	出口	출구		
中学校	중학교	~てくれる	주다(連+),아/어/여 주다(幹+)	~と	면(母幹,ㄹ幹+)/으면(子幹+);니까(母幹,ㄹ幹+)/으니까(子幹+)
朝鮮文字	조선글				
町内	동네	テコンドー	태권도		
直接	직접	~てさしあげる	드리다(連+),아/어/여 드리다(幹+)	戸	문
ちょっと	조금,좀,잠깐			~度	도
ちょっとの間	잠시만	~でした	ㅆ습니다(連+)	ドア	문
散らかっている	지저분하다	~でしたか	ㅆ습니까(連+)	~と言う	라고 하다(母終+)/이라고 하다(子終+)
通報	신고	~てしまう	버리다(連+),아/어/여 버리다(幹+)		
使う	쓰다〈으変〉			どう	어떻게
捕まえる,つかむ	잡다	~でしょう	ㄹ/을 거예요,ㄹ/을 것이에요,ㄹ/을 겁니다,ㄹ/을 것입니다	同級生	동창,동급생
疲れている	피곤하다			同窓	동창
次(の)	다음				

どうだ	어떻다〈ㅎ変〉	なくなる	없어지다	熱	열
到着する	도착하다	～なければいけない	야 되다〈連+〉,아야/어야/여	熱が出る	열이 나다
どうですか	어때요		야 되다〈幹+〉	熱心に	열심히
どうも	아무래도	なぜ	왜	寝坊する	늦잠을 자다
遠い	멀다	夏	여름	寝る	자다,잠을 자다
～と同じくらい	만큼	夏休み	여름방학	～年生	학년
～と思う	것 같다	何～	몇	～の	의
時	때	何	무엇,뭐	能力	능력
時々	가끔	何を	무엇을,뭘	のが	것이,게
解く	풀다	何をする	뭐 하다	載せる	싣다〈ㄷ変〉
時計	시계	名前	이름	～ので	서〈連+〉,아서/어서/여서〈幹
どこ	어디	涙	눈물		+〉,니까〈母幹+〉/으니
どこから	어디에서,어디서	涙が出る	눈물이 나다		까〈子幹+〉
どこで	어디에서,어디서	習う	배우다		
ところ	곳	なる	되다	喉	목
ところで	그런데,근데	何で	무엇으로,뭘로	登る	올라가다,올라오다
～として	로〈母終,ㄹ終+〉/으로〈子終+〉	どんな,何の	무슨	飲む	마시다
図書館	도서관	～に	게〈幹+〉	乗り遅れる	놓치다
～途中	길	～に	에;에게,한테〈人·動物〉;께	乗り換える	갈아타다
トッポギ	떡볶이		〈尊敬〉	乗る	타다
とても	아주,참	～に行く	러 가다〈母幹,ㄹ幹+〉/으러		
隣	옆		가다〈子幹+〉		
隣の席	옆자리	～に来る	러 오다〈母幹,ㄹ幹+〉/으러	**は**	
どのくらい	얼마나		오다〈子幹+〉	～は	는〈母終+〉/은〈子終+〉,ㄴ
どのように	어떻게	二十の	스무	歯	이
トマト	토마토	～日	일	場合	경우
泊まる	숙박하다	日曜日	일요일	はい	예,네
友達	친구	～について	에 대해	～杯	잔
土曜日	토요일	日記	일기	入って行く	들어가다
トラック	트럭	似ている	비슷하다	入って来る	들어오다
ドラマ	드라마	～になる	가 되다〈母終+〉/이 되다〈子	俳優	배우
(写真を)撮る	찍다		終+〉	入る	들어가다,들어오다
どんな	어떤,무슨	～には	에는,엔	履き物	신발
		二番目	두번째	履く	신다
な		日本	일본	博物館	박물관
～な～	ㄴ〈母幹,ㄹ幹+〉/은〈子幹+〉;	日本語	일본어,일본말	箱	박스,상자
	ㄹ〈母幹,ㄹ幹+〉/을〈子幹+〉	日本式	일본식	はさみ	가위
ない	없다	荷物	짐	箸	젓가락
～ない	지 않다〈幹+〉,안	入会	가입,입회	初めて	처음;처음으로
～ないでください	지 마세요〈幹+〉,지 마십시	似る	닮다	初めまして。	처음 뵙겠습니다.
	오〈幹+〉	庭	마당	始める	시작하다
治る	낫다〈ㅅ変〉	～人	명,사람	場所	장소
中	안,속	妊産婦	임신부	走る	뛰다
長い	길다	人参茶	인삼차	バス	버스
長い間,長く	오래	妊婦	임신부	バスケットボール	농구
流れる	흐르다〈르変〉	～人分,～人前	인분	～はずだ	ㄹ 것이다〈母幹,ㄹ幹+〉/을
泣く	울다	抜く	뽑다		것이다〈子幹+〉
なくしてしまう,なくす	잃어버리다	脱ぐ	벗다	パスポート	여권
				発音	발음
				パッピンス	팥빙수

111

花	꽃	二つの	두	〜ます	ㅂ니다(母幹,ㄹ幹+)/습니다(子幹+),요(連+),아요/어요/여요(幹+)
話し	이야기	普通	보통		
バナナ	바나나	不便(だ)	불편(하다)	まず	먼저
花火	불꽃	冬	겨울	〜ます(よ)ね	지요(幹+)
花火大会	불꽃놀이	冬休み	겨울방학	まずい	맛(이) 없다
速い,早い	빠르다<르変>,이르다<르変>	プライド	자존심	〜ますか	ㅂ니까(母幹,ㄹ幹+)/습니까(子幹+),요(連+),아요/어요/여요(幹+),지요(幹+),죠(幹+)
早く	일찍	プライバシー	사생활		
春	봄	降る	오다,내리다		
腫れる	붓다<ㅅ変>	プルコギ	불고기	〜ますか(意向)	ㄹ까요(母幹,ㄹ幹+)/을까요(子幹+)
〜半	반	プルコギの店	불고기집		
パン	빵	プレゼント(する)	선물(하다)	〜ますが	는데요(幹+)
ハングル	한글	〜へ	로(母終,ㄹ終+)/으로(子終+)	貧しい	가난하다
ハングル正書法	한글 맞춤법	平日	평일	また	다시,또
晩ご飯	저녁,저녁밥	(お腹が)減っている	고프다<으変>	まだ	아직,아직도
半分	반	別に	별로	間違える	틀리다
日	날,날짜	別の	다른	待つ	기다리다
火	불	部屋	방	まっすぐ	똑바로
ピアノを弾く	피아노를 치다	減らす	줄이다	全く	전혀
PM2.5	미세먼지	返却する	반납하다	〜まで	까지
ビール	맥주	勉強(する)	공부(하다)	窓	창문
飛行機	비행기	(手紙の)返事	답장	マナーモード	진동
久しぶりに	오랜만에	変だ	이상하다	学ぶ	배우다
左,左側	왼쪽	方(方向)	쪽	間に合わす	맞추다
びっくりする	깜짝 놀라다	帽子	모자	マフラー	머플러
引っ越し	이사	ボールペン	볼펜	回る	돌다
引っ越しする	이사(를) 하다	僕	나	漫画	만화
ぴったりだ	잘 맞다	ホテル	호텔	マンション	아파트
必要だ	필요하다	ほとんど	거의	見える	보이다
人(ひと)	사람	ボランティア	자원봉사	磨く	닦다
一つ	하나	本	책	右,右側	오른쪽
一つの	한	本棚	책장	短い	짧다
一人(で)	혼자	本当に	정말,진짜	水	물
ヒマワリ	해바라기	本物	진짜	店	가게,집
百貨店	백화점	本屋	서점,책방	味噌汁	된장국
美容整形外科	성형외과			道	길
病院	병원	**ま**		道が混む	길이 막히다
病気	병	毎日	매일	南,南側	남쪽
昼ご飯	점심	前	앞;전	明洞	명동
広い	넓다	曲がる	굽다	見る	보다
ピンス	팥빙수	負ける	지다	昔	예전
風船	풍선	〜ました	ㅆ습니다(連+)	ムクゲ	무궁화
吹く	불다	〜ましたか	ㅆ습니까(連+)	難しい	어렵다<ㅂ変>
服	옷	〜ましょう	ㅂ시다(母幹,ㄹ幹+)/읍시다(子幹+),지요(幹+),죠(幹+)	娘	딸
プサン	부산			無理する	무리하다
無事に	무사히	ましょうか	ㄹ까요(母幹,ㄹ幹+)/을까요(子幹+)	〜名	명
不思議だ	신기하다			名簿	명단
不足	부족	〜ます(意志)	ㄹ게요(母幹+,ㄹ幹+)/을게요(子幹+)	命令	명령
再び	다시				

召し上がる	드시다
メニュー	메뉴
～も	도,나(母終+)/이나(子終+)
もう	벌써,이제,이미
もうすぐ	곧
もう少し	좀 더
毛布	담요
もし	혹시
文字	글자
もちろんです	그럼요
持つ	들다,가지다
もっと	더
もの	것
問題	문제

や	
～や	나(母終+)/이나(子終+)
やかましい	시끄럽다〈ㅂ変〉
野球	야구
野球場	야구장
焼く	굽다〈ㅂ変〉
約束	약속
易しい	쉽다〈ㅂ変〉
安い	싸다
(学校の長期の)休み	방학
休む	쉬다
やせる	살이 빠지다
山(やま)	산
ヤマツツジ	진달래
山登りに行く	등산 가다
両班(ヤンバン)	양반
遊園地	유원지
夕方	저녁
夕食	저녁,저녁밥
有名だ	유명하다
雪	눈
柚子茶	유자차
ゆっくりしている	느리다
よい	좋다
酔う	취하다
用事	볼일
様子	모양
陽性者	확진자
～ようだ	것 같다
～ようと	려고(母幹,ㄹ幹+)/으려고(子幹+)
ヨーロッパ	유럽
よく	자주,잘

横	옆
予想	예상
予定	예정,계획
世の中	세상
呼ぶ	부르다〈르変〉
読む	읽다
より	더
～より	보다
夜	밤
よろしくお願いする	잘 부탁하다

ら	
ラーメン	라면
来週	다음주
来年	내년
ラジオ	라디오
理由	이유
留学生	유학생
留学に行く	유학(을) 가다
流行する	유행하다
(大学の)寮	기숙사
(ご)両親	부모님
料理	음식,요리
緑茶	녹차
旅券	여권
旅行に行く	여행(을) 가다
冷蔵庫	냉장고
冷麺	냉면
歴史	역사
歴史学	역사학
レシピ	레시피
列	줄
～れば,と,たら	면(母幹,ㄹ幹+)/으면(子幹+)
～ればいい	면 좋겠다(母幹,ㄹ幹+)/으면 좋겠다(子幹+)
レポート	리포트
連休	연휴
レンギョウ	개나리
連絡(する)	연락(하다)
連絡先	연락처
路地	골목
ロシア語	러시아어

わ	
わあ	와
分かち書き	띄어쓰기
わかりました。	알겠습니다.
わかる	알다

分ける	나누다
わさび	고추냉이,와사비
忘れてしまう,忘れる	잊어버리다
私	저,나
私が	제가,내가
私たち(の)	우리,저희
私に	제게,내게
私の	제,내
私は	저는,전
私を	저를,절
笑う	웃다
我々	우리
悪い	나쁘다
～を	를(母終+)/을(子終+),ㄹ

韓国朝鮮語 中級テキスト

改訂版 花と実 (はなとみ)

検印
省略

© 2017年 1 月 30 日　　初版発行
2023年 1 月 30 日　改訂初版発行

著者

生越 直樹
生越 まり子
池玟京

発行者　　　　　　　　　　　　小川 洋一郎
発行所　　　　　　　　　　株式会社　朝日出版社
101-0065　東京都千代田区西神田 3-3-5
電話　03-3239-0271/72
振替口座　00140-2-46008
http://www.asahipress.com/

組版／剛一　装丁／申 智英　印刷／図書印刷

乱丁、落丁本はお取り替えいたします。
ISBN978-4-255-55698-7 C1087

本書の一部あるいは全部を無断で複写複製(撮影・デジタル化を含む)及び転載することは、法律上で
認められた場合を除き、禁じられています。

朝日出版社 ハングル能力検定試験問題集のご案内

改訂新版 ハングル能力検定試験5級実戦問題集　李昌圭｜著

- 問題を類型別に分けたので，実際の試験問題の出題順に始められる
- 類型別問題の対策と解答のポイントを詳しく解説
- 5級出題の文法と語彙などを合格ポイント資料として提示，試験直前の確認にも最適
- ハングル検定対策本のなかで最多の問題数

- 聞き取り問題の音声はもちろん，本書模擬試験・解説はウェブ上で何度でもトライ、確認できる
- 模擬テストで実戦練習ができる
- 筆記と聞き取りの問題の解説を巻末にまとめて収録している

● A5判　● 232p.　● 特色刷　　　　定価3,080円（本体2,800円+税10%）（1268）　　電子版有

改訂新版 ハングル能力検定試験4級実戦問題集　李昌圭｜著

- 問題を類型別に分けたので，実際の試験問題の出題順に始められる
- 4級出題の文法と語彙などを合格ポイント資料として提示，試験直前の確認にも最適
- ハングル検定対策本のなかで最多の問題数（本試験の 9 回分以上相当）

- 聞き取り問題の音声はもちろん，本書模擬試験・解説はウェブ上で何度でもトライ、確認できる
- 模擬テストで実戦練習ができる
- 筆記と聞き取りの問題の解説を巻末にまとめて収録している

● A5判　● 256p.　● 特色刷　　　　定価3,080円（本体2,800円+税10%）（1250）　　電子版有

改訂新版 ハングル能力検定試験3級実戦問題集　李昌圭｜著

- 問題を類型別に分けたので，実際の試験問題の出題順に始められる
- 3級出題の文法と語彙などを合格ポイント資料として提示，試験直前の確認にも最適
- ハングル検定対策本のなかで最多の問題数（本試験の 10 回分以上相当）

- 聞き取り問題の音声はもちろん，本書模擬試験・解説はウェブ上で何度でもトライ、確認できる
- 模擬テストで実戦練習ができる
- 筆記と聞き取りの問題の解説を巻末にまとめて収録している

● A5判　● 368p.　● 特色刷　　　　定価3,168円（本体2,880円+税10%）（1222）　　電子版有

ハングル能力検定試験準2級対策問題集 -筆記編-　李昌圭｜著

- 出題内容が体系的に把握でき，試験準備が効率よくできる
- 準2級に出題される語彙や文法事項，発音，漢字等が一目瞭然でわかる
- 本書収録の 520 題（本試験の 11 回分相当）の豊富な問題を通してすべての出題形式の問題が実戦的に練習できる

- 間違えた問題や不得意な問題は印をつけ，繰り返し練習ができる

● A5判　● 360p.　● 特色刷　　　　定価2,640円（本体2,400円+税10%）（743）　　電子版有

ハングル能力検定試験準2級対策問題集 -聞き取り編-　李昌圭｜著

- 出題の傾向，学習ポイントが全体的・体系的に理解できるように，過去問を詳細に分析して出題内容を類型別に整理・解説
- 問題の類型と傾向，頻出語句，選択肢，文法事項などが一目で分かるように，問題類型別に重要なポイントをまとめて「合格資料」として提示

- 本試験と同じ練習問題を通して実戦的に練習ができるように，豊富な練習問題を類型別にまとめて本試験と同じ出題順に提示
- すべての問題は本試験と同じ形式で添付の音声ファイルCD-ROM に収録。実戦的に繰り返し練習ができ，聴力を鍛えることができる

● A5判　● 280p.　● 特色刷　● 音声ファイルCD-ROM付　定価2,860円（本体2,600円+税10%）（1028）　　電子版有

（株）朝日出版社

← 最新の刊行情報はこちら

〒 101-0065　東京都千代田区西神田 3−3−5
TEL：03−3263−3321　　FAX：03−5226−9599
E-mail：info@asahipress.com　http://www.asahipress.com/

← LINE スタンプ
「キムチフレンズ」
好評発売中！
※ 詳細は QR コードから！

黑龙江

50°

黑龙江
松花江
哈尔滨
45°

内蒙古自治区
长春
吉林
40°
北京市
沈阳
辽宁
朝鲜
呼和浩特
恒山
河北
渤海
天津市
135°
银川
太原
石家庄
山西
济南
泰山
韩国
黄海
山东
陕西
黄河
嵩山
郑州
日本
西安
华山
河南
江苏
35°
南京
合肥
太湖
上海市
湖北
武汉
安徽
黄山
杭州
30°
长江
庐山
浙江
重庆市
洞庭湖
鄱阳湖
东海
长沙
南昌
湖南
江西
贵州
衡山
福建
贵阳
福州
台北
北回帰線
130°
台湾海峡
台湾
25°
广西壮族自治区
广东
南宁
西江
广州
澳门
香港
20°
海口
南海
0   400   800km
海南
越南

110°   115°   120°   125°